W0350442

Encyclopédie FLEURUS Junior

Mythologies

Édition et réalisation graphique : Le Pré Carré
Suivi éditorial, recherches iconographiques : Clotilde Lefebvre
Auteurs : Raymonde Alluin, France Battacharya, Brigitte Faugère, Patrick Guelpa, Jean-Pierre Hammel, Hélène Joubert, Frédéric Benjamin Laugrand, Patrice Lecoq, Florence Malbran-Labat, François Macé, Rémi Mathieu, Michel Mazoyer
Illustrateurs : Angus McBride, Richard Hook et Steve Weston de l'agence Linden Artists, Arnaud Cremet, Emmanuel Cerisier, Pierre-Emmanuel Dequest, Philippe Gady, Étienne Souppart, Michael Welply
Conception graphique de la collection : Killiwatch
Maquette : François Chentrier
Relecture : Éliane Rizo

Direction éditoriale : Christophe Savouré
Direction artistique : Laurent Quellet, Armelle Riva
Suivi de projet : Laetitia Hérault
Fabrication : Thierry Dubus, Sabine Marioni

L'éditeur tient à remercier tout particulièrement Jean-Pierre Hammel pour ses précieux conseils et sa relecture attentive.

© 2004 Groupe Fleurus
Dépôt légal : octobre 2004
ISBN : 2 215 05261-9
N° d'édition : 93603
1re édition

Photogravure : Quattro
Achevé d'imprimer en France sur les presses de Partenaires-Livres en octobre 2004.
Loi n° 49-956 du 16 juillet 1949 sur les publications destinées à la jeunesse.

EDITIONS FLEURUS
© GROUPE FLEURUS, 2004
15/27, rue Moussorgski
75895 Paris Cedex 18

Encyclopédie FLEURUS Junior

Mythologies

FLEURUS

Sommaire

Introduction

Des mythes pour quoi faire ? 8
Les mythes, des récits sacrés 10
D'un déluge à l'autre 12

Le Proche-Orient

En Égypte 16
Les dieux incontournables 18
Mi-homme, mi-animal 20
Le mythe de la royauté 22
Osiris ou la vie éternelle 24
En Mésopotamie 26
Grands et petits dieux 28
L'épopée de la Création 30
La quête de Gilgamesh 32
Chez les Hittites 34
Les divinités hittites 36
Le mythe de Télipinu 38

L'Europe gréco-latine

Les Grecs 42
La naissance du monde 44
Zeus, dieu suprême de l'Olympe 46
Les premiers pas de l'humanité 48
Héra et Déméter 50
Les enfers 52
Poséidon, maître des eaux 54
Apollon, le dieu des prophéties 56
Athéna et Artémis 58
Hermès et Dionysos 60
Asclépios, le dieu guérisseur 62
Les plus grands des héros 64
Le destin de Thésée 68
Des héros malheureux 70
La guerre de Troie 72
Le retour d'Ulysse 74
Les dieux d'origine romaine 76
L'épopée d'Énée 78
La naissance de Rome 80

L'Europe du Nord

Germains et Vikings 84
La création du monde 86
Le règne d'Odin 88
Les dieux nordiques 90
Loki, Tyr et les monstres 92
La fin du monde 94
Les Celtes 96
Des dieux innombrables 98
Des animaux sacrés 100
Des guerriers prodigieux 102
Dieux, amour et royauté 104
L'Autre Monde 106

Les Amériques

Les peuples de l'Arctique 110
Le temps des origines 112
Et le gibier fut 114
Esprits et chamans 116
Sous haute surveillance 118
Chez les Amérindiens 120
Des animaux créateurs 122
Les grandes forces de l'univers 124
Comment naissent les coutumes 126
À l'écoute des ancêtres 128
De drôles de héros 130
En terre inca et aztèque 132
La légende des quatre soleils 134
Quetzalcóatl, le serpent à plumes 136
Vers la terre promise 138
Con Tici Viracocha, maître de l'univers 140
Manco Capac et l'empire inca 142
Les aventures de Tunupa 144
Des animaux emblématiques 146

L'Asie

Chez les hindous 150
La trinité divine 152
Dieux et démons 154
L'histoire du prince Rama 156
Krishna le bien-aimé 158
Dans l'ancienne Chine 160
Les soubresauts du monde 162
Yi, le nom des héros 164
Chasseurs de démons 166
Au Japon 168
Les dieux descendent sur terre 170
Le temps des empereurs 172
Les héros du Levant 174

L'Afrique

Chez les Yoruba 178
Et le monde fut créé 180
Les orisha, des dieux secondaires 182
Ifa, dieu des destinées 184
Les ancêtres divinisés 186

Index 188
Crédits iconographiques 191
Les auteurs 192

Introduction

Si un mythe pouvait conter son histoire, il nous dirait : « Il y a très longtemps, lorsque le monde semblait inexplicable aux hommes, certains d'entre eux m'ont inventé et récité. Je racontais comment toutes choses avaient commencé. De bouche en bouche, j'ai beaucoup voyagé. Cela a duré des siècles. Un jour, enfin, on m'a fixé sur un support plus solide : des tablettes, du papyrus, un parchemin. Et puis ceux qui croyaient en moi ont disparu. J'ai cru être oublié à jamais. Mais des savants curieux sont venus me réveiller. Écoutez ma musique, elle vous dira ce que des millions d'hommes ont cru avant vous. »

Des mythes pour quoi faire ?

En grec, le mot mythe signifie “parler”, “réfléchir”. Car le mythe est un récit né de la réflexion des hommes sur les mystères de l’univers.

Réponse à tout

Qui fait rapetisser la lune avant qu’elle ne recommence à grandir ? Qu’est-ce qui fait naître les bébés ? Qui a inventé les saisons ? Pourquoi faut-il qu’un grain meure pour que le blé pousse ? Les hommes se sont toujours posé mille questions et n’ont jamais supporté de ne pas tout comprendre. Alors, certains d’entre eux ont observé, réfléchi, essayé de donner des explications. Pour cela, ils se sont servis de leur imagination. Ils ont même inventé une époque où l’univers n’était pas ce qu’il est. Une époque où des êtres surnaturels et puissants ont, pour la première fois, fait certaines choses pour mettre en place le monde tel qu’il est.

Le griot est en Afrique de l’Ouest le gardien des mythes.

Naissance d’un mythe

Ceux qui ont inventé ces explications étaient des poètes. Ils ont raconté leurs inventions à d’autres, d’abord en petit comité, puis à des gens de plus en plus éloignés. Sans le savoir, ils ont créé des symboles.
Un symbole, c’est une image qui fait toujours penser à la même chose.
Peu à peu, le récit s’est enrichi, a pris sa forme poétique…
Un récit poétique plein de symboles, fait pour expliquer ce qu’on ne comprend pas, c’est ça un mythe.

Une affaire de famille

Lorsqu’il satisfaisait tout un groupe, le mythe était adopté pour longtemps. Les hommes ne pouvaient plus s’en passer : grâce à lui, ils se sentaient liés par quelque chose de très profond. Le mythe était devenu sacré.
On le mettait souvent en musique. On le récitait au cours de cérémonies rituelles où on le mimait. Les parents le racontaient à leurs enfants. Ceux qui l’ignoraient étaient des étrangers. Un mythe pouvait ainsi, de bouche à oreille, traverser des siècles sans modifications importantes.

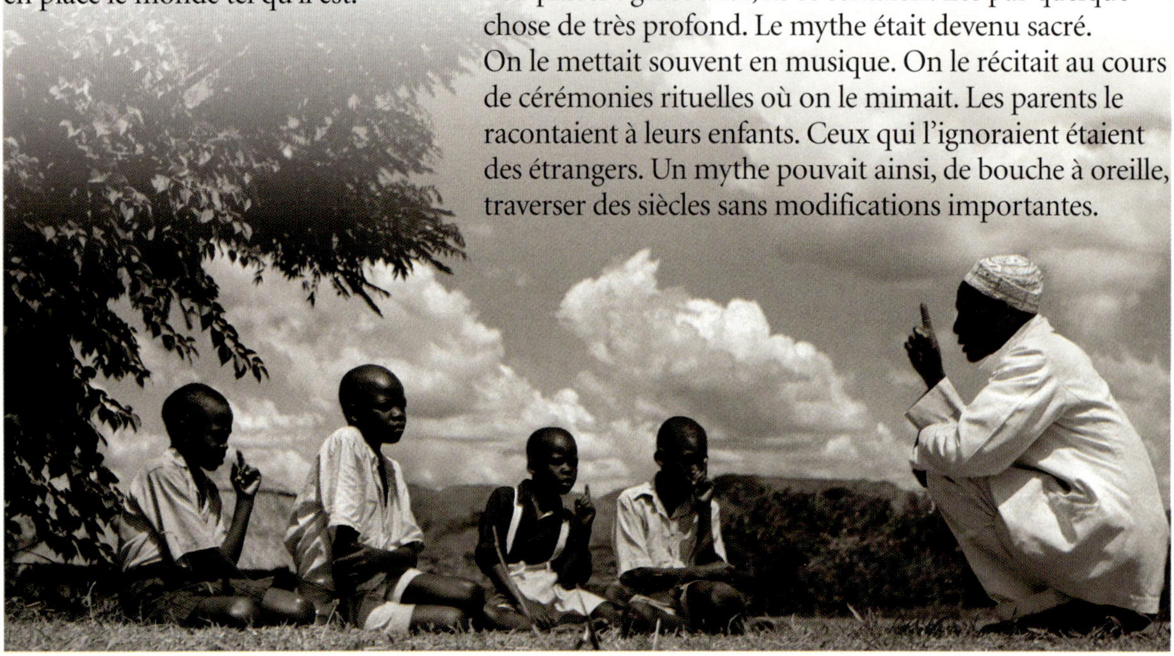

Un récit magique

Tous les membres de la communauté étaient persuadés que ce mythe possédait un pouvoir : celui d'éviter certains dangers ou de créer des situations favorables. Pour que ce pouvoir s'exerce, il fallait le réciter. Car réciter un mythe permettait de revivre le temps des origines. En Extrême-Orient, il n'y a pas si longtemps encore, quand la récolte du riz s'annonçait mauvaise, un ancien, connu pour sa sagesse, descendait ainsi de nuit dans la rizière pour y réciter le mythe de la naissance du riz. Tous pensaient que ce rite améliorerait la récolte. Car réciter le mythe de la naissance du riz, c'était revenir à l'époque où les dieux avaient fait que le riz puisse pousser une première fois.

Récolte du riz en Indonésie.

Et aujourd'hui, servent-ils encore ?

Mais maintenant que les savants ont répondu à bon nombre de questions, on peut se demander à quoi cela sert de s'intéresser à des récits si fantaisistes. Certes, la plupart des mystères ont été résolus par la science, mais pas tous. Par exemple, l'origine de l'univers reste une énigme. C'est pour cela qu'il est intéressant de savoir ce que les hommes ont pu penser avant nous. Connaître les mythes, anciens ou récents, cela nous sert également à comprendre comment l'humanité est devenue ce qu'elle est et à découvrir de l'intérieur des civilisations disparues ou des peuples dont le mode de vie est très éloigné du nôtre. Et puis, c'est tellement poétique, un mythe…

Retour aux sources

Connaître la mythologie, cela sert aussi à mieux comprendre l'origine de certains mots. Quand le dieu grec Pan se mettait à crier, son cri faisait trembler les montagnes. Les gens mouraient de peur. Pas étonnant qu'on ait appelé cela la panique !

Les mythes, des récits sacrés

Depuis toujours, des hommes ont cru que la nature était animée par des puissances redoutables : les animaux sauvages, le tonnerre, la foudre, mais aussi des forces invisibles telles que la faim, la souffrance et la mort.

La force du totem

Pour rendre ces forces moins terrifiantes, les hommes ont cherché à les rendre visibles et familières, leur donnant souvent l'aspect d'un animal qu'ils admiraient. Et ils les ont appelées dieux ou esprits. Ainsi l'aigle prête-t-il sa silhouette à l'Oiseau-Tonnerre, l'esprit du ciel chez les Amérindiens. Puis ils ont imaginé leur histoire, des histoires qui tissaient un lien magique entre ces esprits et leur peuple : les mythes. C'est ainsi que les premiers hommes, chasseurs ou cueilleurs nomades, ont fait de ces esprits-animaux les ancêtres surnaturels de leur clan. L'esprit devenait pour eux un totem. Les hommes se plaçaient sous sa protection.

Totem tlingit représentant un aigle.

Offrandes, rites et tabous

Afin que ces divinités soient favorables au groupe, les hommes cherchaient à gagner leur confiance, leur amitié. Ils organisaient en leur honneur des cérémonies et leur faisaient des offrandes. À l'occasion de ces cérémonies, ils récitaient les mythes, rappelant ainsi ce que ces divinités attendaient des hommes et ce que chacun devait éviter de faire pour ne pas les indisposer. De telles cérémonies s'appellent des rites et font partie de la religion. Les interdictions, ou tabous, qu'ils énonçaient fixaient les règles de vie des membres de la tribu. Il fallait les respecter, sinon le clan était mis en péril par la colère des dieux.

Préparatifs d'un sacrifice à l'époque romaine.

Fidèle étrusque devant un autel.

Invisibles mais présents

Comment communiquer avec les esprits, ces êtres invisibles ? Dans bien des religions, les prêtres étaient censés y parvenir en se mettant dans un état de transe ou de rêve éveillé ; l'esprit se manifestait alors à eux. D'autres préféraient deviner la volonté divine à travers des signes : le bruissement d'un feuillage sacré, la forme des éclairs, etc.

Les prêtres, gardiens des mythes

Les membres du groupe chargés d'organiser les cérémonies rituelles étaient également responsables des mythes. Pour que ces récits sacrés ne tombent pas dans l'oubli, ils les transmettaient à leurs successeurs. Ces individus disposaient d'un très grand pouvoir et on leur prêtait souvent le don de communiquer avec les esprits. Sous des noms divers (chamans, druides, etc.), ces hommes étaient ce qu'on appelle aujourd'hui des prêtres.

Tambour de chaman permettant d'appeler l'Oiseau-Tonnerre.

Au cœur des croyances

Cette envie de comprendre tout ce qui dépasse la raison – ce que l'on ne peut ni voir, ni entendre, ni toucher – est ce qu'on appelle la spiritualité. Cette soif, propre à l'homme, inspire toute religion. Les mythes reflètent donc indirectement, et à leur façon, les croyances religieuses du peuple qui les a façonnés.

Ce qu'ils racontent n'est pas vérifiable ; on peut seulement croire ce qu'ils disent. Partager la même religion, c'est donc avoir les mêmes mythes, les mêmes cérémonies rituelles, les mêmes règles de vie, les mêmes croyances et les mêmes dieux. Lorsque ces dieux sont nombreux, de telles religions sont dites polythéistes.

Cérémonie chamaniste en Sibérie.

D'un déluge à l'autre

Quand on compare les mythologies, on remarque bien souvent que les réponses aux mêmes questions sont présentées de façons différentes. En revanche, il arrive que l'on trouve des récits très semblables d'une mythologie à l'autre. C'est le cas pour le Déluge.

Scène de déluge
par A.-L. Girodet.

Un déluge en commun

Dans pratiquement toutes les mythologies du monde, il existe un mythe du déluge. L'idée générale est toujours la même : par leur façon de vivre, les hommes déçoivent les dieux (ou Dieu) qui décident que toutes les créatures périront dans une formidable inondation… Seuls un homme et sa famille trouvent grâce à leurs yeux, parce qu'ils sont pieux et obéissants. Avertis par la divinité, les élus se préparent à faire face au cataclysme et sont sauvés. Une humanité nouvelle peut ainsi voir le jour.

Un déluge qui remonte à loin

Le plus vieux mythe du déluge est sumérien. Le héros s'appelle Ziusudra. Cet homme est vertueux, humble et pieux. Un songe l'avertit du danger. Il construit alors un bateau et, avant d'y monter, enterre les textes sacrés. En sept jours et sept nuits, les eaux engloutissent tout sur terre. Enfin, Utu, le dieu-soleil, conseille à Ziusudra de regarder dehors : la terre ferme commence à réapparaître. Le premier geste de Ziusudra est d'offrir un sacrifice aux dieux. Puis Anu, le dieu du ciel, le transporte au pays où le soleil se lève. Il y vivra éternellement.

Noé embarque les animaux de la Création dans son arche.

Le récit qui a inspiré la Bible

Le récit du déluge dans la *Bible* (chapitre 7 du livre de la Genèse) ressemble beaucoup au récit babylonien, dont il s'est inspiré. Celui-ci raconte comment Enlil, le père des dieux, décide un jour d'anéantir les hommes qui l'empêchent de dormir. Les autres dieux sont consternés, car ces créatures imparfaites ont été créées pour les servir. Avant qu'il ne soit trop tard, Ea, le dieu des eaux, décide de prévenir Utanapishtim, un sage dont la maison est en roseaux. La nuit, il vient murmurer aux murs ce qui va se passer. Et dans son rêve, les roseaux répètent à Utanapishtim le message : « Démolis ta maison et construis un bateau, renonce à tes richesses pour sauver ta vie. » Utanapishtim obéit à la parole divine et construit une grande embarcation. Il survit à l'inondation. En récompense, les dieux lui offrent l'immortalité et l'envoient vivre loin de son pays natal ; puis ils convainquent Enlil de donner naissance à une nouvelle humanité.

Quelques variantes

Suivant les pays, quelques détails changent. Ainsi dans le mythe iranien, c'est la fonte des neiges qui provoque le déluge et celui qui sera sauvé se réfugie dans un fort. Dans le mythe grec, l'homme et la femme rescapés jettent derrière eux des pierres qui se transforment en hommes et en femmes ; c'est ainsi que l'humanité renaît. Pour les hindous, un terrible incendie précède le déluge. Le grand dieu Vishnou, sauveur des hommes, se transforme en poisson pour avertir le sage Manou, et lui conseille de construire un bateau. Manou emmène avec lui sept sages, des animaux, des semences et tout ce qui est nécessaire pour que la vie puisse reprendre ensuite. Le cataclysme prend fin au bout de cent ans, quand Vishnou peut enfin récupérer, au fond des eaux, le *Veda*, le texte sacré de l'Inde.

De l'eau mais pas trop !

L'eau, salée ou douce, a une très grande importance dans les diverses mythologies. Pour beaucoup, le monde a commencé à se former quand l'eau a été séparée de la terre, ou la mer séparée de l'eau douce. Le mythe du déluge prouve quant à lui que l'eau, si elle est indispensable à la vie, peut aussi être mortelle. Les divinités de l'eau sont d'ailleurs souvent terrifiantes et imprévisibles.

Le Proche-Orient

Il y a plus de 5 000 ans, les hommes qui vivaient au carrefour de l'Europe et de l'Asie ont commencé à inventer tout ce qui a donné naissance à la civilisation : l'agriculture, la navigation, le regroupement dans des villes et... une chose merveilleuse, l'écriture (cunéiformes mésopotamiens ou hittites, hiéroglyphes égyptiens).

Des savants ont alors pris soin d'écrire les histoires de leurs dieux. Ces récits, qu'on appelle " mythes ", nous permettent aujourd'hui de connaître leurs divinités et leurs croyances.

En Égypte

Le Soleil était le dieu souverain des Égyptiens. Ils l'honoraient sous plusieurs noms selon l'heure de la journée et selon les régions. Et chaque soir, en le voyant disparaître, ils se demandaient avec angoisse ce qu'il devenait pendant les heures sombres de la nuit.

La naissance de Rê.

Né dans un lotus !

Chaque province possédait sa propre version du mythe de la création du monde. Selon la tradition d'Héliopolis, il n'y avait aux premiers temps de l'univers qu'une étendue d'eau sans commencement ni fin, dont toute vie semblait absente : Noun. C'est pourtant là que tout allait commencer.
Un jour, de cet océan primitif, émerge une colline. Au sommet de cette colline, une fleur de lotus jaillit. Et dans la corolle de cette fleur apparaît le visage d'un enfant : celui de Rê, le dieu-soleil.

À l'origine de tout

À peine venu au monde, Rê (ou Râ) fait naître l'air et l'humidité qui, à leur tour, donnent naissance au dieu Geb, la terre, et à la déesse Nout, le ciel. Geb et Nout ont deux fils, Osiris et Seth, et deux filles, Isis et Nephtys. Ainsi sont nés les premiers dieux de l'Égypte. Osiris épouse Isis et Seth Nephtys… Par ailleurs, les larmes de Rê font naître les hommes.

Autant de noms que de visages

Depuis la Création, Rê fait chaque jour le même voyage : la barque d'or qui le transporte sur le fleuve céleste le mène de l'Orient jusqu'à l'Occident. Au fil des heures, son aspect et son nom changent : à l'aube, il est Khépri le scarabée – cet insecte roule devant lui une boulette de fumier, ronde comme le disque solaire, où il pond ses œufs ; à midi, il est le faucon Horakhty qui s'élève haut dans le ciel. Puis vient le soir. C'est le moment où la tête du dieu devient celle d'un bélier ; on le surnomme Atoum le vieillard, " celui qui va mourir ". Car il disparaît derrière les montagnes du désert et entre sous terre.

Les trois aspects les plus représentés de Rê.

Son voyage nocturne dans l'au-delà

Pendant les douze " heures " que dure la nuit, Rê va en effet traverser les douze régions du royaume des morts, le Douat, où coule le fleuve céleste. Chacune est placée sous la garde d'une déesse ; toutes l'aideront à affronter ses ennemis. Le plus terrible est Apophis, le serpent des ténèbres, qui enserre le monde dans ses anneaux et cherche à engloutir Rê pour instaurer le chaos. Tout au long de son parcours, Rê châtie ses ennemis et revigore les morts. Le dieu Osiris l'accueille, se confond avec lui et le guide vers la nouvelle naissance du jour. Lorsque, enfin, ils aperçoivent les portes étincelantes de l'Aube, le périlleux voyage prend fin. Une fois encore Rê a vaincu la mort. Atoum redevient Khépri. Sur terre, le jour est salué comme une délivrance.

Le dieu-soleil, Rê-Horakhty, envoie ses rayons sur une défunte.

Passages obscurs

Les péripéties du voyage de Rê dans l'au-delà sont racontées en images sur les murs des tombes royales, à Thèbes, et sur des papyrus. Plusieurs versions existent. Mais l'histoire est si compliquée que les scribes eux-mêmes finirent par ne plus rien y comprendre. Résultat : certains passages n'ont ni queue ni tête…

Les dieux incontournables

Les Égyptiens appelaient leur pays "la terre des dieux". À l'origine, chaque clan avait les siens. Quand ils se réunirent, certains dieux prirent de l'importance, sans éliminer les autres. C'est pourquoi il existe une multitude de divinités égyptiennes.

Isis
Cette grande magicienne est la petite-fille de Rê. Rusée, elle a réussi à découvrir le nom secret de son grand-père, clé de sa toute-puissance. Pour cela, elle a créé un serpent dont la douloureuse piqûre a obligé Rê à lui révéler son nom en échange de soins. Bienveillante, Isis met sa magie et son pouvoir au service de la vie et du bonheur des hommes. Elle protège tout particulièrement les enfants. Maîtresse des destins, elle est adorée en Égypte puis au Moyen-Orient, en Grèce et même à Rome. Ses aventures, en tant que fidèle épouse de son frère Osiris et mère d'Horus, font l'objet d'un mythe raconté pages 22-23.

Horus
Sa tête de faucon rappelle qu'il était à l'origine un dieu du ciel, associé au soleil du matin ; son nom signifie d'ailleurs " le Lointain ". Puis on en fit le fils d'Isis et l'héritier d'Osiris. Pour venger son père et récupérer son royaume, Horus dut affronter son oncle Seth. Dans la bataille, il perdit son œil gauche, la lune, et le remplaça par un cobra femelle, l'uræus, qu'il porte désormais au front. Dieu de la lumière et du respect des lois, Horus règne sur l'Égypte. Chaque pharaon est à la fois son héritier et son incarnation.

Osiris
À l'époque où les dieux étaient rois, Osiris régnait sur l'Égypte ; il enseigna aux hommes la religion et l'agriculture. Il était en passe de devenir le dieu suprême lorsqu'il fut assassiné par son frère Seth. Ramené à la vie par son épouse Isis, il devint le dieu de l'au-delà. Tout ce qui concerne le royaume des morts lui est soumis. C'est lui qui accueille les morts, conduits par Anubis, et préside à la pesée des âmes. À sa mort, chaque pharaon devient un Osiris (*voir p. 25*).

Hathor

Sa coiffe, faite de deux cornes de vache enserrant le disque solaire, remonte aux temps préhistoriques, quand les Égyptiens l'adoraient comme la mère du soleil : une vache céleste soulevant l'astre entre ses cornes. Devenue l'épouse d'Horus, elle quittait une fois par an son temple de Dendérah pour rejoindre son mari à Edfou. Les Égyptiens célébraient ces retrouvailles par une grande fête quinze jours durant. Déesse de l'amour, de la joie et de la musique, Hathor est associée aux accouchements et à la création artistique.

Attention !

Les mots sont trompeurs. La Haute-Égypte, une zone montagneuse, se situe au sud du pays et donc en bas de la carte. La Basse-Égypte désigne la zone du delta, localisée... au nord, en haut !

Ptah

Le plus ancien de tous les dieux est apparu à Memphis. C'est le dieu créateur par excellence : dans le mythe de la Création propre à cette région située à l'ouest du Nil, on raconte qu'il s'est créé lui-même par la force de son esprit. Il a ensuite créé les autres dieux, les hommes et les animaux par la parole. C'est le dieu des artisans, des forgerons, de ceux qui taillent la pierre ou qui la sculptent, bref de tous les hommes dont le métier est de fabriquer. On le représente comme une momie barbue, coiffée d'un bonnet. Il est l'époux de Sekhmet la redoutable (*voir p. 20*).

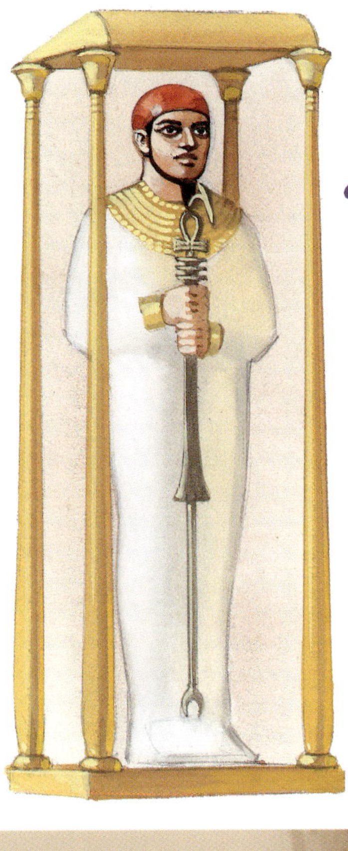

Amon-Rê, une fusion réussie

À l'origine, il y avait Rê, dieu-soleil adoré dans le Nord, et Amon, un dieu du Ciel mystérieux, honoré à Thèbes, en Haute-Égypte. Lors de la réunion des deux royaumes, leurs prêtres ont fait alliance. Amon-Rê devint alors le dieu qui garantissait l'unité du pays. En lui étaient rassemblées les vertus de toutes les autres divinités. Sa suprématie sur les autres dieux dura plus de deux mille ans. Au moment de sa plus grande gloire, plus de 80 000 prêtres et prêtresses le servaient.

Mi-homme, mi-animal

En des temps reculés, les premiers Égyptiens avaient pour totems des animaux sacrés. L'aspect hybride de leurs dieux – une tête animale sur un corps humain – en garde le souvenir. Au fil des millénaires, les divinités ont en effet évolué et sont devenues plus humaines. L'animal s'est fait symbole, reflétant un caractère de la personnalité divine.

Anubis
Anubis, le dieu à tête de chacal, est l'un des dieux égyptiens les plus anciens : il était le dieu des morts avant Osiris. C'est lui qui préside aux embaumements et aux funérailles et qui conduit les morts chez Osiris. Il veille ensuite sur leur tombe. Le choix de l'animal vient sans doute du fait que chacals et chiens sauvages peuplaient les étendues désolées où l'on enterrait les morts.

Sekhmet
Représentée par une femme à tête de lion, Sekhmet est une déesse puissante, violente, toujours présente là où le sang coule. Elle répand les maladies et est responsable des insolations. Elle fait peur. Mais elle sait aussi protéger et guérir ceux qui lui font des offrandes convenables. Ses sanctuaires étaient très fréquentés.

Bastet
Cette déesse à tête de chat céda son côté cruel à Sekhmet pour ne conserver que son caractère enjoué et bienveillant.
On la représente souvent un poignard dans la patte car, un jour, elle délivra Rê du serpent Apophis. Mais ses crocs passèrent si près de Rê qu'elle avala un peu de sa chaleur et de sa lumière. Depuis, la pupille des chats se rétracte ou forme des ronds lumineux. Et de leur pelage, dès qu'on l'effleure, s'échappent des étincelles...

Khnoum
Le dieu-bélier était adoré à Éléphantine, une cité située près de la première chute du Nil. On racontait qu'il avait modelé sur son tour de potier les premiers hommes avec de l'argile.

Mâat, gardienne de l'ordre

Cette fille de Rê est aussi belle que Seth, son ennemi, est laid, et aussi douce qu'il est brutal. C'est elle qui règle le parcours des étoiles, la succession des saisons. Elle est la déesse de l'ordre établi, de la loi, de la religion. Elle incarne la sagesse et la vérité. Les pharaons étaient souvent représentés avec une statuette de Mâat à la main, montrant ainsi qu'ils s'engageaient à respecter les lois du Créateur.

Mâat est toujours coiffée d'une plume d'autruche, qui sert de poids lors de la pesée de l'âme des morts.

Thot
Thot, le dieu à tête d'ibis ou de babouin, donne toute sa force à la connaissance. Les hiéroglyphes, dont il est l'inventeur, ont ainsi un pouvoir magique : la pensée une fois écrite devient réelle. Thot est le maître des scribes et sert de secrétaire aux dieux. Il connaît les nombres et le mouvement des astres. Il est le maître du calendrier. Thot possède également le don de soigner les malades.

Seth
Toutes les nuits, le dieu-chien au fin museau et à la queue fourchue tire la barque de Rê et combat le serpent Apophis. Mais c'est aussi le dieu de la force brutale et du désordre. Il déchaîne les orages, la pluie, la grêle et le feu du ciel. Les cultivateurs ont tout à redouter de lui. Il aime le désert sur lequel il règne. C'est l'ennemi de Mâat, la déesse de la justice et de l'ordre. Il est tellement craint et détesté qu'on renonce à lui rendre un culte.

Le mythe de la royauté

Geb, dieu de la terre, et Nout, déesse du ciel, ont quatre enfants. C'est Osiris, l'aîné, qui règne sur l'Égypte. Excellent roi, il profite de son règne pour enseigner aux hommes comment cultiver la terre et adorer les dieux. Mais son frère cadet, Seth, est jaloux…

Un crime chez les dieux

Les pouvoirs d'Osiris lui permettent de contrôler les eaux et de faire régner la prospérité sur le pays. Tout le monde l'aime et le respecte. Seth, pour sa part, a hérité du désert. Comment, dans ces conditions, les deux frères peuvent-ils ne pas s'affronter ? Seth assassine son frère et découpe son corps en quatorze morceaux. Puis il les disperse à travers tout le pays afin que son épouse ne puisse pas donner de sépulture convenable à Osiris. Mais la fidèle Isis cherche inlassablement les morceaux et finit par tous les retrouver. Avec l'aide d'Anubis, elle recompose le corps de son mari et, grâce au battement de ses ailes et à la magie, lui redonne vie pour un instant, le temps d'enfanter un héritier.

Réfugiés dans le delta

Rê prend alors pitié d'Osiris et l'envoie régner sur le royaume des morts. Quelques mois plus tard, Seth apprend qu'Isis attend un enfant. Il devine que c'est un fils, l'héritier légitime d'Osiris, et décide de tuer la mère pour empêcher l'enfant de naître. Heureusement, Isis s'est réfugiée dans le delta du Nil et reste introuvable. Elle donne naissance à Horus, le futur dieu solaire, dans les marais. Soigné amoureusement par sa mère, veillé par Ouadjyt, le génie protecteur de la couronne royale, et allaité par Hathor, l'enfant grandit loin de la civilisation.

Horus enfant fut adoré par les Phéniciens et les Grecs sous le nom d'Harpocrate.

La reconquête du trône

Devenu adulte, Horus décide de recouvrer ses droits et porte plainte auprès d'un tribunal divin présidé par Rê. Le procès n'en finit pas et, finalement, les deux ennemis en viennent aux mains. Seth, vaincu, renonce au trône d'Égypte. Horus, lui, reçoit l'héritage de son père : les deux sceptres, symboles de la royauté. Il réunit même le sud et le nord du pays et coiffe le *pschent*, la double couronne, blanche et rouge, qui marque la réunion des deux parties de l'Égypte.

L'autre version des faits

Une version plus tardive du mythe raconte que Seth organisa un banquet et fit apporter par ses serviteurs un coffre magnifique. Il proposa de l'offrir à celui qui entrerait dedans. Or l'objet avait les dimensions exactes d'Osiris, qui s'y étendit sans difficulté. Seth referma aussitôt le couvercle et fit jeter le coffre dans le Nil. Les courants l'emportèrent jusqu'à Byblos, au Liban. Un arbre, en poussant, finit par l'envelopper. Sans savoir ce qu'il contenait, le roi du pays le fit couper et sculpta avec un pilier du palais royal. Lorsque Isis arriva à Byblos, elle sentit la présence du coffre et obtint du roi la permission de le ramener en Égypte. Un jour, Seth profita de son absence pour découper le corps en quatorze morceaux. Isis partit alors à leur recherche et célébra une cérémonie funèbre sur le lieu de chaque découverte.

Osiris reverdit

Dieu de la résurrection, Osiris était particulièrement vénéré pendant la saison des semailles. Les paysans façonnaient une statue creuse à son image et la remplissaient de terre. Puis ils y semaient des graines. Lorsque les premières pousses apparaissaient, le dieu revenait symboliquement à la vie.

Osiris ou la vie éternelle

Seul le pharaon était au départ promis à l'immortalité, en tant qu'héritier d'Horus. Quelques siècles plus tard, sa famille et ses proches furent admis au royaume des morts. Puis ce fut le tour de tous les Égyptiens, à condition qu'ils respectent un rituel précis.

1- L'embaumement

Les Égyptiens croyaient que l'âme du défunt ne pouvait vivre que si son corps était conservé. C'est pourquoi le premier des rites était l'embaumement. Exécutée sous le contrôle divin d'Anubis, l'opération durait plus de deux mois. Elle consistait d'abord à prélever les viscères pour les enfermer dans des vases spéciaux. Le mort était ensuite emmailloté de bandelettes imprégnées de natron, une substance qui empêchait que les chairs pourrissent. Il était fréquent que ces bandelettes portent des messages à l'attention des dieux.

2 - Le contenu du sarcophage

Une fois l'embaumement terminé, la momie était déposée dans un sarcophage, c'est-à-dire un cercueil, souvent taillé dans le grès ou le marbre. On y gravait des formules magiques. À l'intérieur du sarcophage, on plaçait un parchemin où étaient écrites les formules que le candidat à la vie éternelle devait dire aux dieux, en réponse à leurs questions. C'est ce qu'on appelle le *Livre des Morts*.

3 - Le rituel de l'ouverture de la bouche

Les parents et amis du défunt pouvaient alors conduire le mort dans sa tombe, où un prêtre accomplissait les derniers gestes rituels. En récitant des formules magiques, il touchait le masque de la momie avec des instruments sacrés pour lui rendre ses sens, lui permettant ainsi de parler, toucher, voir, sentir et entendre à nouveau. Le sarcophage était ensuite descendu dans la chambre funéraire. On y enfermait divers objets dont le défunt aurait à se servir pendant son voyage dans l'autre monde. Une fois le tombeau refermé, Anubis venait chercher l'âme du mort pour l'amener devant Osiris.

4 - La pesée de l'âme
On ne jouissait de la vie éternelle au royaume des morts qu'après la pesée des âmes. Le défunt devait prouver, devant Rê, Osiris, Thot et Horus, qu'il était resté fidèle à Mâat, c'est-à-dire aux lois et aux coutumes du pays. Pour cela, les juges mettaient dans le plateau d'une balance l'âme du défunt et dans l'autre plateau, une plume, symbole de Mâat. Si le poids des fautes ne dépassait pas le poids de la plume, alors seulement, il devenait un Osiris.

5 - Osiris, souverain de l'au-delà
Les morts en arrivant dans l'au-delà essayaient de gagner les faveurs d'Osiris en lui offrant des présents. Le dieu, à la barbe longue et tressée, apparaît souvent vêtu de lin blanc, de nombreux colliers autour du cou. Il est coiffé de la couronne de Haute-Égypte, encadrée par deux plumes d'autruche. Ses insignes personnels sont les deux sceptres : le crochet et le fléau. Les hiéroglyphes du scarabée et du disque solaire rappellent qu'il est petit-fils de Rê.

6 - Une renaissance quotidienne
Le privilège des habitants du royaume des morts était d'assister au passage de la barque de Rê. Contrairement aux humains vivant sur terre, les morts s'activaient la nuit. Ils accueillaient le dieu suprême en lui chantant des hymnes. Puis ils associaient leurs forces pour faire avancer la barque divine dans l'obscurité et aider ainsi Rê à déjouer les pièges qui l'auraient conduit à retourner au néant.

Deux identités pour Pharaon

Pour les Égyptiens, tout nouveau roi est un Horus héritant d'un Osiris. Car, tant qu'il vit, le souverain d'Égypte est considéré comme une incarnation d'Horus. À sa mort, lorsqu'il rejoint l'au-delà, il devient un Osiris et laisse à son tour la royauté à son héritier. Ce rite a duré plus de trois mille ans.

En Mésopotamie

Vaste pays plat entre deux fleuves, le Tigre et l'Euphrate, la Mésopotamie vit naître l'écriture vers 3200 av. J.-C. Grâce à plus d'un million de tablettes d'argile – les livres de l'époque –, nous connaissons les dieux multiples auxquels crurent ses habitants et les mythes qu'ils inventèrent.

Khorsabad fut la capitale éphémère du roi assyrien Sargon II, de 717 à 705 av. J.-C. Trois gigantesques taureaux gardaient sa demeure.

Ninive, capitale de l'Empire assyrien, était riche en nombreux palais.

Babylone domina toute la région aux XVIIIe et XVIIe siècles av. J.-C. Des portes en briques émaillées ornaient ses remparts.

C'est à Uruk que l'on a trouvé les plus anciens écrits du monde.

Ur, l'une des toutes premières cités-États, fut incroyablement riche vers 2113 av. J.-C., comme en témoignent les trésors des tombes royales.

Suse connut la gloire sous l'Empire élamite entre 2000 et 500 av. J.-C.

Des dieux à double identité

Deux peuples venus de pays différents, et qui ne parlaient pas la même langue, habitèrent en Mésopotamie (actuel Irak). Les Sumériens – qui disparurent vers 2000 av. J.-C. – et les Akkadiens édifièrent ainsi une grande civilisation qui dura plus de trois mille ans. Leur monde était régi par de multiples dieux qui portèrent deux noms, un dans chaque langue : ainsi le dieu-soleil s'appela Utu puis Shamash, la déesse de l'amour et de la guerre Inanna puis Ishtar.

Que dit l'oracle ?

Pour connaître les intentions divines, les oracles, ou conjurer le mauvais sort, les prêtres scrutaient le ciel et divers objets, comme le foie d'un animal. Ils y décelaient des signes dont l'interprétation était très complexe. Pour maîtriser cette science de la divination, les prêtres s'entraînaient sur des maquettes, tel ce foie en argile (*ci-contre*).

Gudéa, un souverain de la cité de Lagash.

Au service des dieux

Selon ces mythes, les hommes ont été créés pour débarrasser les dieux des tâches pénibles. Ils étaient également chargés de les nourrir, de les laver, de les habiller et de les honorer. Ce culte autour des statues divines était primordial : si on le négligeait, les dieux abandonnaient les hommes au malheur. Le roi, que les dieux avaient investi du pouvoir, se devait plus que tout autre de les honorer. C'était à lui de construire de splendides temples, de conduire les cérémonies ou de consulter les oracles (*voir encadré*).

Sur terre comme au ciel

Le monde des dieux et celui des humains étaient conçus de manière identique. Les dieux, grands ou secondaires mais toujours d'apparence humaine, formaient des familles et une société hiérarchisée. Enlil en était le grand roi, même si chaque ville appartenait et obéissait à une divinité particulière. Le pays étant tantôt regroupé en un seul grand empire (assyrien, babylonien, élamite), tantôt divisé en cités-États ou en royaumes (Sumer, Élam, Akkad, Babylonie, Assyrie), les dieux partageaient le sort de leurs fidèles : en cas de défaite, ils étaient emmenés en captivité.

Tout est déjà écrit

Les dieux décidaient entièrement du sort des hommes. La mythologie raconte qu'une tablette des destins régissait l'ordre du monde. D'elle dépendait l'harmonie universelle. Enlil, le seigneur des dieux, en avait la garde. Sur terre, c'était au roi de faire respecter les lois divines, ses sujets devant, à leur tour, faire preuve d'une obéissance aveugle.

Sur cette stèle, le dieu Shamash remet au roi de Babylone la corde et le bâton à mesurer qui symbolisent la justice, une invention divine.

Tous les dieux étaient coiffés d'une tiare ornée de cornes dont le nombre variait en fonction de leur importance.

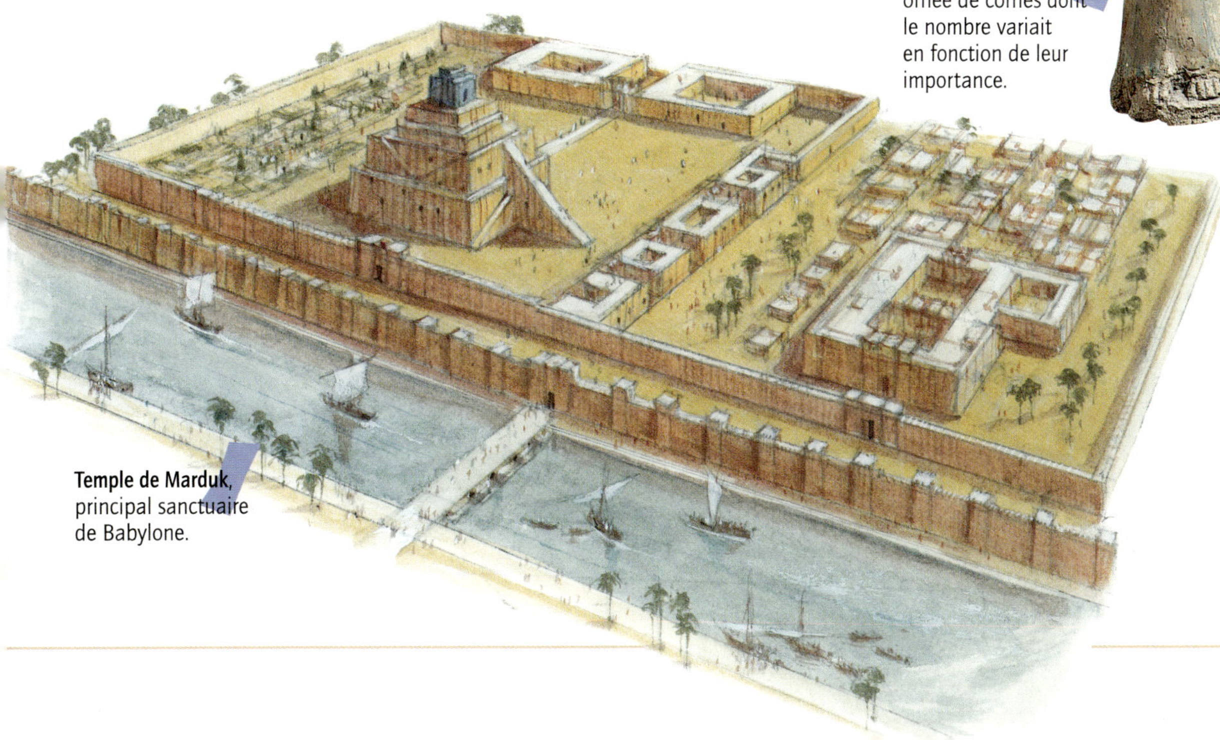
Temple de Marduk, principal sanctuaire de Babylone.

Grands et petits dieux

Les Mésopotamiens adoraient d'innombrables dieux du ciel, de la terre, des eaux, regroupés en grandes familles, les panthéons. Outre ces forces naturelles divinisées, chaque ville ou pays possédait ses propres divinités protectrices. Mais au-dessus de cette multitude s'élevaient trois êtres tout-puissants : Anu, Enlil et Enki-Ea.

Anu

Anu, souverain divin
Au-dessus de tous règne Anu ("Ciel"), le dieu-père, créateur de l'Univers. Son autorité morale est incontestée parmi les dieux et les hommes. Dieu de la nature tout entière, il est cette force invisible qui fait germer les céréales.

Enlil

Enlil, le dieu régnant
Ce fils bien-aimé d'Anu exerce la royauté sur terre et donne aux souverains leur légitimité. Il porte la tablette des destinées et exécute les volontés célestes. Son nom, "Seigneur des vents", rappelle qu'il est à l'origine le dieu de l'atmosphère.

Utu-Shamash

Le dieu-soleil
Utu (Shamash chez les Akkadiens) est le dieu-soleil, dont il a hérité la lumière, la chaleur et la clarté. Dieu de la justice, rien ne lui échappe : chaque jour, il parcourt le ciel et la terre, escalade les montagnes et, de là-haut, inspecte le monde.

Enki-Ea

Enki, le Sage
L'autre fils d'Anu, Enki – appelé Ea en akkadien – joue quant à lui le rôle de conseiller. Associé à la magie et à la sagesse, il est à la source de toute connaissance. Il a apporté aux hommes la civilisation et les a sauvés du déluge. Dieu des eaux douces, on le représente dans une maison d'eau ou bien portant des vases dont jaillit le liquide.

Nanna-Sin

Le dieu-lune
Nanna (Sin), fils d'Enlil et de la déesse des céréales, est le dieu-lune, ce "luminaire des cieux" sur lequel reposait le calendrier du culte. La naissance et les accouchements sont placés sous sa protection car il renaît chaque mois avec la nouvelle lune.

Dieux d'un seul pays

D'autres dieux ne sont les souverains suprêmes que d'une ville ou d'un pays. Ainsi c'est autour du dieu **Assur** que se construit l'Assyrie. Le roi, son représentant sur terre, soucieux de lui rendre des comptes, lui écrit de longues lettres narrant ses campagnes militaires. Babylone a pour grand dieu **Marduk**. Fils d'Ea et de son épouse Damkina, il est entouré d'une cour céleste et dispose d'une arme divine appelée "le redresseur de torts". Dans le poème qui raconte la création du monde, Marduk affronte l'Océan primitif et ses monstres pour mettre fin au chaos. Le dragon qu'il a vaincu est son emblème.

Marduk

Et les déesses ?

La plupart des déesses n'occupent qu'une place secondaire aux côtés de leur divin époux. Deux divinités féminines pourtant possèdent une forte personnalité : la déesse-mère appelée **Ninmah** (ou Ninhursag) et la déesse de l'amour et de la guerre **Inanna** (Ishtar), à qui l'on connaît de très nombreuses aventures.

Inanna-Ishtar

Inanna aux Enfers

Inanna voulut un jour s'emparer du royaume de sa sœur, la déesse des Enfers. Tout être qui voulait franchir les sept portes de ce "pays sans retour" devait se dénuder entièrement. Inanna abandonne donc tous ses puissants talismans... Mais au moment d'affronter sa sœur, elle se retrouve sans défense ! La situation est catastrophique : la déesse de l'amour disparue, rien ne se reproduit plus sur terre ! Enki trouve une solution : Inanna est autorisée à revivre si elle se trouve un remplaçant. Sans hésiter, elle envoie son époux, le berger Dumuzi ; il restera désormais avec les morts six mois par an.

Des démons qui se mêlent de tout !

Pour exécuter leurs volontés, les dieux ont créé une foule de démons. Certains sont de bons génies protecteurs, mais la plupart d'entre eux s'avèrent méchants et infligent tourments et maladies aux hommes. Leur souffle ou leur venin foudroie celui qui a mal agi. **Pazuzu**, leur chef, est à la fois bon et mauvais car s'il répand les épidémies, il défend aussi les malades et les enfants. On a retrouvé de nombreuses amulettes le représentant avec des yeux globuleux, un corps couvert d'écailles, une queue de scorpion et de grandes ailes. Très laid mais efficace !

Pazuzu

Symboles divins

Lorsque le roi de Babylone cédait des terres à ses vassaux, il gravait le texte de donation sur une stèle, le *kudurru*, et la plaçait sous la protection des dieux, représentés par leurs symboles : lune (Sin), soleil (Shamash), planète Vénus (Ishtar), tiares cornues (Anu et Enlil), poisson-chèvre (Ea), etc.

L'épopée de la Création

Lorsque ni le ciel ni la terre n'avaient encore de nom, l'Univers n'était qu'une masse liquide où régnaient deux forces primitives : Apsu, personnifiant les eaux douces, et Tiamat, l'océan. Ainsi commence un long poème babylonien de 1 100 vers sur les origines du monde.

Trop de tapage !

Apsu et Tiamat engendrent deux générations divines. Vient la troisième, nettement plus turbulente. Les jeunes dieux troublent sans cesse la tranquillité d'Apsu. Exaspéré, celui-ci projette de les éliminer. Mais Ea, "celui qui sait tout", a vent du complot ; il plonge Apsu dans un profond sommeil, le tue et s'empare du pouvoir. Son fils, Marduk, plus fougueux encore, provoque à son tour la colère de Tiamat qui, furieuse, lève une armée de monstres.

Pour combattre à ses côtés, Tiamat (*à droite*) crée de terribles créatures : dragons, hommes-scorpions et serpents gigantesques.

Marduk entre en scène

Ea tente de les arrêter, en vain. Les dieux se réunissent alors et demandent à Marduk d'intervenir ; ils lui donnent les pleins pouvoirs. Armé jusqu'aux dents, Marduk part sur son char-tempête attelé à quatre ouragans et provoque Tiamat en combat singulier. Rapide comme l'éclair, il l'emprisonne dans son filet, lui souffle au visage des vents terribles, puis la transperce d'une flèche.

Le monde prend forme

Marduk coupe ensuite le cadavre de Tiamat en deux, « comme un poisson mis à sécher ». D'une des deux moitiés, il fait la voûte céleste, de l'autre la terre. De sa poitrine il fait surgir les chaînes montagneuses et de ses yeux jaillir le Tigre et l'Euphrate. Puis il décide de créer l'homme pour servir ses semblables et sacrifie le premier époux de Tiamat dont il prend le sang et les os. Enfin, il répartit les dieux entre le ciel et le monde d'en bas.

Pourquoi a-t-on créé les hommes ?

Pour répondre à cette question, les Mésopotamiens inventèrent plusieurs récits. Tous concordent : l'homme est là pour travailler et servir les dieux. Le mythe akkadien d'*Atrahasis le Supersage* raconte qu'à l'origine les *Igigi*, de petits dieux, étaient chargés des travaux pénibles. Mais au bout de 3600 ans, ils se révoltent et brûlent leurs outils. Que faire ? L'intelligent Ea trouve une solution : sept hommes et sept femmes sont fabriqués à partir d'argile mêlée au sang d'une divinité mineure. Ils remplaceront les *Igigi*.

Enlil punit les hommes, trop bruyants.

Tout s'explique !

Finalement, les dieux comprennent que les humains sont indispensables à leur confort. Pour éviter tout nouveau conflit, ils décident de limiter leur reproduction. Désormais, les hommes vivront moins longtemps et certaines femmes seront stériles. Ainsi les Mésopotamiens expliquaient-ils leurs malheurs…

Atrahasis échappe au déluge

Les hommes en se multipliant deviennent trop bruyants. Agacé, Enlil décide de les exterminer et leur envoie la peste, la sécheresse puis le déluge. Mais Ea, conscient de l'erreur, avertit un homme très pieux, Atrahasis, et lui conseille de construire un grand bateau où il embarquera sa famille et tous les animaux. L'humanité entière est engloutie par les eaux. Seul Atrahasis en réchappe.

Deux déluges pour le prix d'un !

Atrahasis le Supersage n'est pas le seul héros babylonien à avoir échappé au déluge. Dans un mythe encore plus ancien, l'*Épopée de Gilgamesh*, l'homme qui échappe à la colère des dieux s'appelle Utanapishtim. **Tu peux découvrir son histoire page 13.**

Ea avertit Atrahasis.

La quête de Gilgamesh

L'*Épopée de Gilgamesh*, le plus ancien récit d'aventures connu, montre qu'aucun homme ne peut échapper à la mort, même le plus courageux. C'est ce que découvrit le roi d'Uruk, Gilgamesh.

L'histoire débute par un portrait peu flatteur du héros : Gilgamesh maltraite ses sujets qui, excédés, finissent par se plaindre aux dieux. La déesse-mère accepte de lui opposer un rival et façonne avec de l'argile un homme terrible, Enkidu. Cette créature vit comme une bête sauvage jusqu'à ce qu'une courtisane l'éduque un peu. Elle le persuade de défier Gilgamesh. Les deux hommes s'affrontent, mais aucun n'en sort vainqueur.

Des héros bien téméraires

Les deux compères deviennent amis et décident de lancer une expédition contre le géant Humbaba de la forêt des Cèdres. À leur arrivée, le monstre se moque d'eux : « Vous êtes si petits que je vous regarde comme je regarde une tortue d'eau ! » Gilgamesh se décourage, la situation semble perdue. Heureusement, Shamash leur vient en aide et déchaîne des ouragans contre Humbaba. Le géant est immobilisé ; les deux amis le décapitent et placent sa tête sur un radeau que l'Euphrate emporte.

Il n'est pas bon d'offenser Ishtar

De retour à Uruk, Gilgamesh doit repousser les avances de la belle Ishtar. Il sait qu'il est dangereux de devenir l'amant d'une telle déesse. Vexée, Ishtar envoie sur terre le taureau céleste de son père, un monstre qui, chaque fois qu'il s'ébroue, creuse un abîme où disparaissent cent jeunes hommes. Les deux amis arrivent pourtant à le terrasser. Mais l'euphorie est de courte durée. La nuit suivante, Gilgamesh fait un rêve prémonitoire : Anu réclame la mort d'Enkidu. Celui-ci tombe aussitôt malade et meurt douze jours plus tard.

En quête d'immortalité
Éperdu de chagrin et terrifié par la mort, Gilgamesh quitte Uruk pour chercher un moyen de devenir immortel. Il décide de retrouver le survivant du déluge, Utanapishtim, auquel les dieux ont accordé la vie éternelle. Le voyage est périlleux et il doit affronter à l'entrée d'une gorge des hommes-scorpions dont le regard est mortel. Il les persuade de le laisser passer et traverse les profondeurs effrayantes de la montagne.

Et après la mort, qu'y a-t-il ?

Les Mésopotamiens imaginaient un monde souterrain, obscur et sinistre. Tous les morts y étaient malheureux. Seules les offrandes des vivants leur permettaient d'échapper au menu ordinaire : de l'argile ! Ceux qui avaient succombé à une mort violente ou avaient été mal enterrés remontaient tourmenter les vivants. Il fallait alors avoir recours à la magie pour s'en débarrasser.

Une traversée difficile
Gilgamesh doit ensuite franchir une mer aux eaux mortelles. Il s'adresse à un batelier, Our-Shanabi, qui lui demande de couper trois cents perches immenses ; elles leur serviront de gaffes. En manœuvrant, ils font bien attention de ne jamais se mouiller les mains. À l'arrivée, Utanapishtim tente de persuader Gilgamesh d'accepter sa condition de mortel. Devant son entêtement, il lui impose une épreuve : veiller six jours et six nuits, le temps que dura le déluge. Gilgamesh échoue et décide de renoncer.

La révélation d'Utanapishtim
Utanapishtim ne le laisse pourtant pas repartir les mains vides. En cadeau d'adieu, il lui confie un secret : au fond de l'océan pousse une plante de jouvence. Celui qui la mange recouvre sa jeunesse. Sur les indications du sage, Gilgamesh plonge après s'être lesté de pierres, se saisit de la plante et, tout heureux, repart vers son pays.

Même les héros sont mortels !
Mais un soir, alors qu'il se rafraîchit auprès d'un point d'eau, un serpent sent la plante au parfum suave et s'en empare. C'est lui qui recouvrera chaque année la jeunesse en muant ! Découragé, le roi d'Uruk s'assoit et pleure. Il doit se résigner : l'immortalité n'est pas pour lui. Cette quête lui aura cependant appris la sagesse.

Chez les Hittites

Ce peuple domina l'Anatolie, au centre de la Turquie actuelle, de la fin du XVIIIe au VIIIe siècle av. J.-C., et fut à la tête d'un des empires les plus puissants d'Asie Mineure. On commence tout juste depuis un siècle à déchiffrer les mystères de cet empire longtemps oublié.

Statuette du dieu de la montagne.

Une longue histoire

Les Hittites, sans doute originaires du Caucase, débarquèrent en Anatolie à la fin du XVIIIe siècle av. J.-C. ; la région était jusque-là peuplée par les Hatti, sous domination assyrienne. En quelques siècles, le roi hittite construisit un puissant empire, s'appuyant sur une armée de métier très disciplinée. Tout à la fois chef des armées, juge suprême et grand prêtre, ce souverain n'était cependant pas considéré par ses sujets comme un être divin, contrairement à ce qui se passait dans le reste de l'Orient. On distingue deux époques de 1650 à 1200 av. J.-C. : celle de l'Ancien Royaume et celle du Nouveau Royaume. Puis brusquement, sans doute à la suite d'invasions, l'empire disparaît. Une mosaïque de cités-États le remplace : c'est ce qu'on appelle la période néo-hittite (1200-700 av. J.-C.).

La porte au Roi, de l'ancienne cité d'Hattusa, ornée du dieu de la guerre, Calcone.

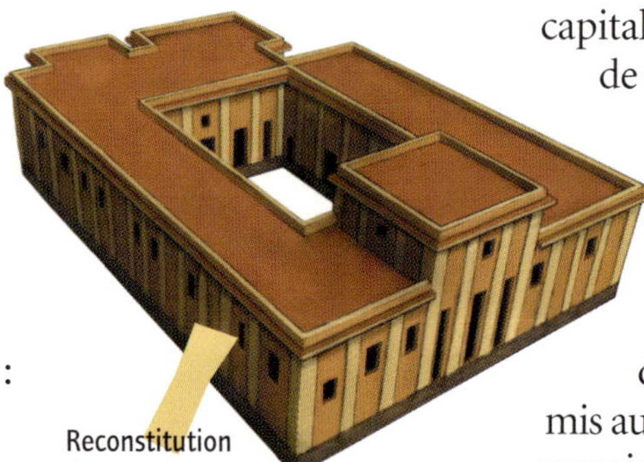

Reconstitution du temple principal d'Hattusa.

Sauvée de l'oubli

Une des particularités de la civilisation hittite est qu'elle a été pratiquement oubliée pendant trois mille ans ! Les rares traces dont on disposait sur son existence ne permettaient pas de la situer. C'est la découverte, par l'archéologue allemand Hugo Winckler, des archives des grands rois hittites à Bogazköy (à l'est d'Ankara), au début du XIXe siècle, qui apporta la preuve que ce site était bien Hattusa, l'ancienne capitale hittite. Parmi les milliers de tablettes en argile découvertes, bon nombre étaient écrites en akkadien, une langue utilisée par les diplomates de tout le Proche-Orient antique. Elles permirent de comprendre les vestiges mis au jour : forteresses et temples aux gigantesques sculptures creusées à même le roc.

Une écriture à déchiffrer

Cependant, la majorité de ces tablettes, notées en écriture cunéiforme, restaient incompréhensibles.
De plus, les inscriptions qui figuraient sur les monuments étaient gravées dans une autre écriture encore, absolument inconnue. Comment les déchiffrer ? Ce fut un jeune assyriologue tchèque, Friedrich Hrozny, qui réussit cet exploit en 1915. Il prouva que le hittite appartenait à la famille des langues indo-européennes (comme le latin ou le français). Les Hittites disposaient d'un double système d'écriture : le cunéiforme, emprunté à la Mésopotamie, et les hiéroglyphes.

Bas-relief représentant un scribe sur les genoux de sa mère.

Le "peuple aux mille dieux"

Une fois déchiffrées, la plupart des tablettes cunéiformes s'avérèrent être des textes religieux : prières, hymnes, formules magiques.
Grâce à eux, on commence aujourd'hui à mieux comprendre la religion des Hittites. Ce peuple adorait, en plus de ses propres dieux et déesses, des divinités d'origine mésopotamienne ou hourrite (un autre peuple anatolien), si bien qu'on l'appelait le "peuple aux mille dieux". Le dieu de l'orage et la déesse du soleil formaient le couple le plus important et avaient de nombreux enfants.

Les mythes anatoliens

Grâce à ces tablettes, on sait aussi que les Hittites avaient adopté des mythes étrangers telle l'*Épopée de Gilgamesh* (*voir pp. 32-33*).
La mythologie proprement anatolienne était quant à elle associée à des rituels magiques, au cours desquels on tentait de régler des situations difficiles.
Les trois mythes les plus connus, le *Mythe de Télipinu*, *Télipinu et la fille de l'océan*, le *Mythe de la disparition du soleil*, racontent la fondation du royaume par le dieu Télipinu, et forment une sorte de cycle.

La trouvaille de Winckler

Les archives découvertes par l'archéologue allemand comprenaient 25 000 tablettes d'argile en écriture cunéiforme, conservées sur des étagères de bois et classées par sujet. Tous les thèmes y sont abordés : politique, religion, société, diplomatie, activité militaire, etc.

D'apparence humaine, les dieux pouvaient aussi prendre une forme animale : lion, taureau, cerf, etc.

Les divinités hittites

Les Hittites adoraient plus de mille dieux. Voici quelques figures parmi les plus importantes.

Plus d'un soleil au panthéon

Les divinités du soleil étaient nombreuses. Outre la déesse-soleil, épouse du dieu de l'orage, citons le soleil des cieux, Ishtemu. Un mythe raconte comment, ulcéré par les nouveaux pouvoirs de Télipinu, il quitte le royaume et se réfugie dans l'océan.

Le dieu de l'orage
Tarhunza est le plus important des dieux hittites. Son nom signifie "le Victorieux". Il est le maître du tonnerre et des éclairs et se présente sous la forme d'un vigoureux guerrier ou celle d'un taureau. Sa femme est la déesse solaire D'Arinna. Dans le *Mythe d'Illuyanka*, Tarhunza affronte un dragon et perd son cœur et ses yeux dans la bataille. Pour les récupérer, il marie un de ses fils à la fille du dragon et lui fait rapporter ses précieux organes. Cette victoire était célébrée chaque année au printemps.

Les dieux de la guerre
Désignés par le terme *Zababa*, ces dieux étaient peu appréciés des Hittites. Leur animal symbolique était le lion. Ils étaient chargés de protéger le territoire hittite, comme en témoigne la porte au Roi, à Hattusa, ornée du dieu de la guerre, Calcone (*voir p. 34*).

Hannahanna

Hannahanna est la grand-mère qui se place au-dessus de tous les dieux. On a recours à elle dans les situations difficiles car elle est toujours de bon conseil. Mais attention à ne pas la mettre en colère, car elle disparaît alors et toute la nature se dérègle : les mères délaissent leur progéniture et le bétail dépérit.

Les dieux Kal

Cette famille compte plusieurs dizaines de divinités protectrices comme Hapantalia et Karzi, dieux du bétail, ou Inara, déesse de la nature sauvage. Leur symbole est un cerf. Dans une version du *Mythe d'Illuyanka*, Inara permet au dieu de l'orage de prendre sa revanche : elle séduit un mortel et lui ordonne d'organiser un banquet auquel sont invités le dragon et ses fils. Une fois ivres, elle les ligote et les livre à Tarhunza.

Lelwani

Souveraine du monde souterrain et des enfers, c'est la déesse du " soleil de la terre ". Son royaume est décrit comme une ville fortifiée dotée de sept portes, où sont enterrés des chaudrons de bronze dans lesquels Kamrusepa fait disparaître la colère des dieux. Ce qui entre dedans ne peut plus jamais en ressortir.

Kamrusepa, déesse de la magie

Au cours de rituels magiques, Kamrusepa chasse le mal sous toutes ses formes : maladies, mauvais sorts, accès de colère.

Télipinu

Le fils aîné et préféré du dieu de l'orage est un dieu lié à l'agriculture. Il cultive, laboure, irrigue les champs et permet au grain de pousser. Sa puissance de fertilité est symbolisée par un arbre auquel est suspendue une panse dans laquelle sont conservés vin, grains, bétail, etc. Il est souvent accompagné de divinités secondaires : Askasepa, divinité du seuil de la maison et Halki, divinité du grain.

Le mythe de Télipinu

Trois mythes ont pour personnage principal ce dieu agraire, déjà honoré par les Hatti, prédécesseurs des Hittites en Anatolie. Sans cesse remaniés au cours du temps, ces récits étaient devenus un des éléments clés de la religion hittite.

Le *Mythe de Télipinu* raconte comment ce dieu, vexé de voir son culte négligé, quitte son temple et fuit à la campagne, emportant avec lui le grain et l'abondance. Il se réfugie dans un marais et se cache sous une fleur de nénuphar. Sa disparition dérègle la création : hommes et animaux n'arrivent plus à se reproduire, les blés ne mûrissent plus, une fumée envahit tout et étouffe les êtres vivants. Le dieu de l'orage s'inquiète alors de l'absence de son fils et expédie à sa recherche tous les dieux, puis un aigle. En vain. Sollicitée, Hannahanna, la grand-mère des dieux, envoie en reconnaissance une abeille qui découvre Télipinu couché dans un pré. L'abeille le pique et le réveille. Furieux, Télipinu provoque des tremblements de terre, fait sortir les fleuves de leur lit,

frappe à mort hommes et bétail. La déesse de la magie Kamrusepa intervient pour l'apaiser et lui faire regagner son temple. Elle envoie sa colère dans les enfers. Télipinu fonde alors le royaume hittite. De nouveau, la prospérité règne dans le pays : le brouillard disparaît, les offrandes ornent les autels des dieux. Deux autres récits, *Télipinu et la fille de l'océan* et le *Mythe de la disparition du soleil,* constituent une sorte de suite. Dans le premier mythe, Télipinu, envoyé par son père, part rechercher au fond de l'océan le soleil qui a disparu dans les flots. Le jeune dieu en profite pour enlever Hatépinu, la fille de l'océan, qu'il prend pour femme. Dans le second mythe, le soleil, ulcéré par les nouveaux pouvoirs accordés à Télipinu, se réfugie dans l'océan et tous les dieux le recherchent en vain.

L'Europe gréco-latine

En Grèce, ce sont des poètes, les aèdes, qui ont composé les mythes et qui les récitaient en musique. Ils ont prêté aux dieux et aux déesses des pouvoirs extraordinaires et des sentiments qui ressemblent fort à ceux des hommes : amour, jalousie, colère, etc.
Vases antiques et sculptures les montrent d'ailleurs sous une apparence très humaine. Bien plus tard, avec l'invention de l'écriture, ces récits ont été fixés et réécrits par d'autres poètes. C'est sous cette forme que nous les connaissons. Ils n'ont jamais cessé d'influencer la civilisation occidentale, même après que l'Europe fut devenue chrétienne.

Les Grecs

De la création du monde jusqu'aux sujets les plus intimes, les mythes grecs abordent toutes les questions que les hommes ne cesseront jamais de se poser. C'est pourquoi ils continuent de nous enchanter.

Une affaire de mémoire

Ces poètes devaient connaître par cœur de nombreux et longs récits. Avant d'être capables de les conter fidèlement, ils devaient s'exercer pendant des années. Aussi demandaient-ils aux Muses, les neuf filles de Mnémosyne, la déesse de la mémoire, de faciliter leur tâche. Ils pensaient qu'elles leur avaient révélé à cet effet des techniques comme les phrases rythmées ou la musique.

Les aèdes

En Grèce ancienne, la parole a longtemps été le seul moyen de communiquer. Les aèdes, des poètes respectés comme s'ils étaient eux-mêmes sacrés, l'utilisaient dans l'intérêt de tous. Ils faisaient circuler une chose précieuse entre toutes : la connaissance des dieux et de ce qu'il fallait faire pour s'attirer leurs faveurs. Ils ont inventé les mythes grecs et les déclamaient en musique dans les temples ou les palais. Comme tout poète, ils se sont efforcés de leur donner la forme la plus harmonieuse possible.

À chacun sa Muse

Les Muses ont chacune une spécialité : Calliope est chargée de la poésie, Clio de l'histoire, Polymnie du mime, Euterpe de la flûte,Terpsichore de la danse, Erato de l'art lyrique, Melpomène de la tragédie, Thalie de la comédie et Uranie de l'astronomie.

Selon les mythes, Zeus lui-même demandait aux Muses de lui réciter les épisodes de la création du monde.

L'invention de l'écriture

Vers 1000 av. J.-C., les Grecs ont inventé une écriture. Sans elle, les mythes que chantaient les aèdes ne seraient certainement pas arrivés jusqu'à nous. L'alphabet leur a permis de conserver définitivement ces précieux récits. Pourtant, les aèdes ont continué longtemps encore à les chanter en utilisant les méthodes anciennes. L'écriture restait mystérieuse pour la plupart. N'était-elle pas de nature divine ? Pour la rendre plus familière, ils ont même composé des mythes qui racontaient ses origines !

Un signe en cache un autre

Pour les Grecs, les signes de leur premier alphabet rappelaient par leur forme la silhouette d'arbres sacrés. Dans le groupe des consonnes, on trouvait le bouleau, le frêne, le chêne ou l'aubépine et le houx. Dans celui des voyelles, le peuplier blanc, l'ajonc et la bruyère.
Ces signes étaient rangés suivant l'ordre dans lequel apparaissaient les feuilles ou les fleurs de ces plantes, au cours de l'année.

Poète grec avec sa lyre.

Homère, Hésiode et les autres

Cependant, au IXe siècle av. J.-C., un aède, ou peut-être un groupe d'aèdes, a décidé de retranscrire les mythes qu'il avait l'habitude de chanter. On l'appelle Homère. Il a laissé le récit d'aventures héroïques dont il sera question dans ce chapitre, mais aussi des hymnes poétiques. Un peu plus tard, vers le milieu du VIIIe siècle av. J.-C., Hésiode a écrit à son tour l'histoire de la naissance des dieux. À sa suite, bien d'autres poètes ont mis par écrit les mythes qu'ils connaissaient depuis leur enfance. C'est sous cette forme écrite que ces récits, à l'origine sacrés, sont arrivés jusqu'à nous.

Homère récitant un mythe.

La naissance du monde

Ni terre, ni mer, ni ciel, ni dieux, ni hommes. Rien. Rien n'existe avant le début du monde. C'est ce que les Grecs appellent le Chaos.

Les enfants de Gaia (les Titans et leurs sœurs, les Titanides, ainsi que les Cyclopes), enfermés dans le ventre de leur mère.

Le premier couple, Gaia et Ouranos

Sans qu'on sache expliquer pourquoi, Gaia, la Terre-Mère, surgit du Chaos et met au monde Ouranos, le ciel, puis Pontos, l'eau salée qui l'entoure et la limite. Ouranos est, quant à lui, le double symétrique de Gaia : il la recouvre totalement, ne laissant aucun interstice de vide entre eux. Pendant qu'elle dort, il fait venir sur elle une pluie abondante ; rivières et sources se forment et permettent la naissance des plantes et des animaux. Unie à Ouranos, Gaia conçoit les Titans, mais aussi des créatures monstrueuses : les Cyclopes, qui n'ont qu'un œil au milieu du front, et les Hekatonchires, des êtres gigantesques ayant cent bras et cinquante têtes. Cependant Ouranos, étendu de tout son long sur elle, les empêche de naître. Gaia étouffe. Elle finit par pousser les Titans à la révolte. Tous se dérobent, sauf le plus jeune, Cronos. Gaia fabrique une serpe et la donne à son fils.

Des déesses avant Zeus

Il semble que dans les premiers temps, les Grecs aient adoré des déesses. La terre et la lune ont été divinisées parmi les premières, accompagnées par Métis, la Sagesse, et Mnémosyne, la Mémoire. Avant que Zeus n'établisse sa suprématie, Héra, Déméter et bien d'autres étaient adorées comme divinités suprêmes par diverses peuplades du continent.

Cronos se révolte

Cronos blesse son père et libère ses frères et sœurs. Il devient le dieu suprême et épouse sa sœur, Rhéa, qui lui donne six enfants : trois filles d'abord – Hestia, Déméter et Héra –, puis trois fils : Poséidon, Hadès et Zeus. Nous aurons l'occasion de reparler d'eux ! Aussi cruel que son père, Cronos, craignant d'être détrôné, avale ses enfants l'un après l'autre. À la naissance du dernier, Rhéa trompe Cronos en emmaillotant une pierre. Elle sauve ainsi Zeus et le confie à des Naïades. Ces divinités des eaux l'élèvent en secret dans une grotte. Beaucoup plus tard, Zeus fera boire à son père une drogue magique. Cronos vomira alors les cinq premiers enfants de Rhéa, qui renaîtront à la vie.

Cronos dévorant ses enfants, par Francisco Goya.

Monstres et autres créatures

Comme on peut le voir, les créatures des premiers temps de la Création sont souvent monstrueuses. Du sang d'Ouranos blessé naissent ainsi les Érinyes qui serviront à la vengeance des dieux en poursuivant sans répit les criminels. Parmi les autres créatures terrifiantes, citons l'effrayant Typhon au corps couvert d'écailles qui vomit du feu par cent gueules ; il sème partout le désordre et s'attaque même aux dieux.
Son épouse Echidna, une femme-vipère, a donné naissance à toute une série de monstres cités dans différents mythes : Cerbère le gardien des enfers, Chimère qui ruine les colonies grecques d'Asie, la Sphinge qui terrorise la ville de Thèbes, l'hydre de Lerne et le lion de Némée qui donneront bien du mal au héros Héraclès, Méduse tuée par Persée et dont la tête orne depuis le bouclier d'Athéna.

Rhéa confie son dernier-né, Zeus, à des Naïades.

Zeus, dieu suprême de l'Olympe

Quand il comprend que les six enfants de Rhéa vivent, Cronos devient fou de rage. La guerre est inévitable. Les Titans font alliance avec Cronos. Rhéa et ses enfants désignent Zeus comme chef. Les Cyclopes et les Géants se rangent à leurs côtés.

Une guerre de Titans

Les Cyclopes offrent à Zeus la foudre et à Poséidon son trident (une fourche à trois dents) ; Hadès choisit un casque magique qui le rend invisible. Pendant des années, la guerre fait rage. Les adversaires utilisent tout ce qui leur tombe sous la main : ils brisent des montagnes pour se bombarder, détournent des fleuves pour noyer l'ennemi ou utilisent le feu des volcans. La terreur règne sur terre. Mais aucun des deux camps ne prend un avantage décisif.

Attaque groupée

Les trois frères décident finalement de neutraliser Cronos. Hadès, invisible sous son casque, le désarme. Poséidon s'en approche alors et brandit son trident. Cronos, surpris, se tourne vers lui : c'est le moment que choisit Zeus pour lancer sa foudre. Cronos est fait prisonnier. Sans chef, les Titans sont vaincus et envoyés aux enfers. Zeus est désormais le maître des dieux et du monde. Alors, la pierre que Cronos avait avalée à la place du nouveau-né Zeus est portée solennellement à Delphes. Les Grecs l'appelèrent *omphalos*, ce qui signifie “nombril du monde”.

Des pouvoirs magiques sans pareil

Les dieux grecs sont immortels et possèdent tous le don de magie. Mais le pouvoir de Zeus est supérieur à tous les autres. Dieu de la lumière, personne ne peut le regarder sans être brûlé quand il apparaît dans toute sa gloire. Maître de la pluie et de l'orage, Zeus peut, à son gré, tuer un adversaire avec sa foudre ou ressusciter un ami mort. Quand il désire se débarrasser d'un gêneur, il le transforme en étoile. C'est ainsi qu'Orion, un chasseur trop habile, est devenu une superbe constellation.

Un goût certain pour la métamorphose

Mais surtout, Zeus peut changer de forme à volonté. Il use et abuse de ce pouvoir pour mener à bien ses conquêtes amoureuses. Il apparaît aux belles sous forme de pluie d'or ou de taureau… Léda, reine de Sparte, admire ainsi un magnifique cygne blanc qui vient vers elle. Comment devinerait-elle que c'est Zeus lui-même qui s'est transformé en cygne pour l'approcher ? Quelque temps plus tard, Léda accouche de deux œufs d'où sortent Hélène, Clytemnestre, Castor et Pollux.

Un éclat insupportable

La belle Sémélé, dont Zeus est amoureux, désire quant à elle une preuve d'amour. Elle suit le conseil de la perfide Héra : Zeus fera-t-il tout ce qu'elle souhaite ? Il promet en prêtant serment sur le Styx, le fleuve des enfers. Sémélé lui demande alors d'apparaître dans toute sa gloire. Or, comme tous les dieux, ce qu'il a promis en jurant sur le Styx, il est tenu de le réaliser. Il devient donc lumière aveuglante, foudre et feu. Sémélé est brûlée vive. Mais son enfant est sauvé de justesse ; il s'appellera Dionysos.

Douze convives

L'Olympe est une montagne où les dieux les plus puissants se réunissent autour d'un banquet. Cinq enfants de Rhéa y siègent : Déméter, Poséidon, Hadès, Héra et Zeus. Le reste de l'assemblée est composé des descendants de ce dernier : Arès, dieu de la guerre, et Héphaïstos, dieu du feu ; Apollon, dieu des prophéties, et sa sœur Artémis, déesse de la chasse ; Hermès, le messager des dieux, et Dionysos, le dieu du vin. La douzième n'est autre que la déesse de l'amour, Aphrodite, surgie des flots.

Les premiers pas de l'humanité

La terre, le ciel et les dieux existent désormais. Mais pour créer les hommes, les dieux vont s'y reprendre à cinq fois !

L'âge d'or

Sous le règne de Cronos, les premiers hommes surgissent directement de terre. Ils vivent avec les dieux dans le bonheur et l'abondance, ignorent la maladie et la vieillesse. Leur mort est aussi douce que le sommeil. Mais ils disparaissent quand Cronos cède la place à Zeus…

Zeus.

Des tentatives malheureuses

Pour les remplacer, les dieux créent la race d'argent. Ce sont des mangeurs de pain qui n'obéissent qu'à leurs mères et délaissent les dieux. Zeus les anéantit. Il les remplace par la race de bronze. Mais les guerriers qui la composent ne trouvent rien de mieux à faire que de s'entre-tuer jusqu'au dernier. Zeus crée donc une quatrième race, celle des héros. Ces hommes servent si fidèlement les dieux que, pour les récompenser de leurs exploits extraordinaires, ceux-ci leur accordent un juste repos sur l'île des Bienheureux. Et comme il ne reste plus personne sur terre pour servir les dieux, Zeus crée la race de fer, celle qui vit encore aujourd'hui.

Les protégés de Prométhée

D'autres mythes racontent une histoire différente. Ce serait Prométhée, le fils d'un Titan, qui aurait fabriqué un homme avec de l'argile. Athéna se serait chargée ensuite de lui donner vie, le rendant « craintif et prudent comme le lièvre, rusé comme le renard, ambitieux comme le paon, féroce comme le tigre et fort comme le lion ». Zeus s'interroge : quelle place réserver à cette créature sans léser les dieux ? Il charge Prométhée de faire la répartition. Celui-ci amène un taureau superbe qu'il abat et découpe ; il prépare deux lots : d'un côté, les bons morceaux enfermés dans la panse, de l'autre, les os, sous une couche appétissante de graisse. Invité à choisir, Zeus prend la part la plus prometteuse. Quelle n'est pas sa fureur lorsqu'il comprend que désormais les os et la graisse des animaux sacrifiés reviendront aux dieux, et la viande aux hommes…

Zeus découvre la supercherie de Prométhée.

Un supplice éternel

Zeus punit Prométhée de terrible façon : non seulement il le prive de l'immortalité, mais il le fait attacher à un rocher. Chaque jour, un aigle vient ronger son foie qui renaît chaque nuit. Son supplice doit durer pour... l'éternité.

Zeus se venge

Prométhée décide ensuite d'améliorer l'existence des hommes et, pour leur donner le feu, vole une braise chez les dieux. C'en est trop ! Zeus décide de punir les hommes et leur bienfaiteur. Il façonne une femme très belle, Pandore, et l'envoie sur terre après lui avoir remis un vase en lui recommandant bien de ne jamais l'ouvrir. Bien sûr, Pandore désobéit. Famine, maladies, mensonges, violences et guerres s'en échappent ; ce sera désormais le lot des hommes. Et comble de malheur, Pandore rebouche le flacon, laissant l'espérance au fond.

Les guerriers surgis de terre

Certains mythes mentionnent un tout autre type de créatures : les hommes nés de la terre, des êtres acharnés à défendre leur sol. On raconte ainsi que Cadmos parcourait le monde à la recherche de sa sœur Europe, enlevée par Zeus. L'oracle de Delphes lui conseille de chercher une vache portant une tache en forme de lune, et de s'établir là où elle s'arrêterait. Cadmos obéit. Lorsqu'il l'a trouvée, il s'apprête à remercier les dieux et envoie ses compagnons chercher de l'eau pour la cérémonie du sacrifice. Ne les voyant pas revenir, il se rend à la source et découvre qu'un dragon les a tous exterminés. Il tue le monstre et, sur le conseil d'Athéna, sème ses dents. De ces "graines" naissent des guerriers qui s'entre-tuent, sauf cinq. Ces derniers l'aideront à fonder Thèbes.

Cadmos et ses guerriers.

Héra et Déméter

Ce sont les deux grandes dames de l'Olympe : épouse du dieu suprême, Héra est la déesse du mariage ; quant à Déméter, les moissons dépendent de son bon vouloir.

Une conquête difficile

Zeus est amoureux de sa sœur, la belle Héra, mais celle-ci n'est guère sensible à ses avances. Sachant qu'elle déteste voir souffrir les jeunes oiseaux, Zeus a une idée : il prend l'apparence d'un misérable coucou et, sous cette forme, n'a aucun mal à se faire choyer. Tant et si bien que cela finit par un mariage ! Une fête magnifique est organisée dans le jardin enchanté des Hespérides. Parmi tous ses cadeaux, Héra reçoit des pommiers sur lesquels poussent des fruits d'or qui feront d'elle la magicienne la plus puissante.
Le couple aura quatre enfants : Arès, dieu de la guerre ; Héphaïstos, le dieu forgeron, resté boiteux depuis sa chute du haut de l'Olympe ; Hébé, chargée de servir à boire aux dieux, et Ilithye, qui veille sur les naissances.

Hermès endormant Argus au son de sa flûte.

Affreusement jalouse

Héra a un défaut : elle est affreusement jalouse. Chaque fois que Zeus fait la cour à une nymphe, elle cherche à se venger. Pour protéger de sa furie la ravissante Io dont il est amoureux, Zeus transforme la jeune Naïade en génisse. Héra n'est pas dupe : elle demande à Zeus de lui donner l'animal et charge Argus, le Géant aux cent yeux, de veiller sur sa prisonnière. Hermès, missionné par Zeus, vient la délivrer ; il endort le Géant en lui jouant de la flûte et le tue. Héra recueille alors les yeux de son serviteur et les fixe sur la queue de son animal favori, le paon. Puis, furieuse, elle charge un taon de piquer sans arrêt les flancs de la génisse. Poursuivie par l'insecte, la pauvre Io fuit jusqu'en Égypte.

L'aimable Déméter

Sœur aînée de Héra, Déméter est la déesse du blé et des moissons. Elle se présente comme la puissance la plus utile aux dieux et aux hommes : grâce à elle, les hommes n'ont-ils pas de quoi se nourrir et faire des offrandes aux dieux ? Déméter n'a qu'une fille, la ravissante Coré, qu'elle aime passionnément.
Un jour, tandis que Coré cueille des fleurs dans une prairie, la terre s'ouvre soudain sous elle.
Un char en jaillit, tiré par quatre chevaux noirs. Malgré ses hurlements, la jeune fille est entraînée dans les profondeurs.

L'enlèvement de Coré.

Coré devient Perséphone

Éperdue de chagrin, Déméter part à la recherche de sa fille. Elle erre des jours sans manger ni boire. Ému par son désespoir, Hélios, le Soleil, lui apprend que le ravisseur est le dieu des enfers, Hadès. Désespérée, Déméter se retire loin de l'Olympe ; la végétation dépérit, la terre est menacée de famine. Alerté, Zeus cherche un moyen de lui rendre sa fille. Car Hadès a déjà épousé Coré et pris soin d'en faire une créature de l'ombre en lui faisant manger un seul grain de grenade (ceux qui pénétraient vivants aux enfers devaient jeûner sous peine de mourir). Zeus trouve donc un compromis et décide que, sous le nom de Perséphone, Coré devra rester avec son mari la moitié de l'année, soit les mois d'automne et d'hiver pendant lesquels les grains dorment sous terre. Au printemps, la jeune femme redeviendra Coré et rejoindra sa mère. Satisfaite, Déméter révèle aux hommes les secrets de l'agriculture.

Les Romains adoraient Déméter sous le nom de Cérès, qui a donné son nom aux céréales.

Déméter errant à la recherche de sa fille.

Les enfers

Si les Grecs servent leurs dieux, ce n'est pas tant pour accéder à une vie agréable dans l'au-delà que pour obtenir des avantages tout au long de leur existence terrestre. Ils pensent en effet que la vie après la mort réserve peu de bonnes surprises.

1

2

3

Pour un Grec, qu'arrive-t-il après la mort ? Thanatos, messager de l'enfer ①, vient le chercher. Il le confie à Hermès qui le conduit vers l'Érèbe, le séjour souterrain où règnent Hadès, dieu des enfers, et sa femme Perséphone ②. Le défunt donne une pièce au passeur Charon ③, qui lui fait traverser en barque l'Achéron, la rivière des douleurs. Il passe ensuite devant Cerbère ④, le chien féroce aux multiples têtes qui empêche quiconque de ressortir des enfers, et arrive dans le Champ des Asphodèles. Les âmes attendent dans ce lieu obscur où trois juges – Rhadamanthe, Éaque et Minos – décident de leur destination finale. Quelques-uns, peu nombreux, iront aux Champs

Élysées en raison de leur vie exemplaire ; ils y connaîtront, sous l'autorité de Cronos, la réalisation de leurs rêves. Certains, comme les héros, pourront même accéder aux îles Fortunées. Mais la plupart demeurent dans le Champ des Asphodèles et se mêlent aux ombres qui y déambulent éternellement, sans but ni joie. Enfin, ceux qui ont contrarié les dieux par leurs trahisons sont conduits au Tartare, situé dans des profondeurs insondables. Immergés dans un marais immonde, ils sont tourmentés en permanence par les monstres tortionnaires que sont les Gorgones ⑤, les Furies, les Érinyes ou les Harpies ⑥. C'est là que sont aussi enfermés les Titans et les Géants, vaincus par Zeus.

Poséidon, maître des eaux

Le dieu de la mer émerge des flots bouillonnants, debout sur son char d'or, le trident à la main. Il vient de quitter son palais des fonds marins pour parcourir ses possessions terrestres.

Poséidon et sa femme Amphitrite.

À la tête d'un empire

Les quatre chevaux blancs de son équipage, crinière d'or et sabots d'airain, piaffent d'impatience. Ils s'apprêtent à voler au-dessus des vagues. Poséidon s'en va inspecter la part terrestre de son héritage : quelques îles et, surtout, les sources, les fontaines et les fleuves. Son domaine est immense. Une foule d'êtres divins l'aide à l'administrer. Pour la mer, il fait confiance aux dieux marins Océan et Nérée, plus vieux que lui et pleins de sagesse. Tous deux ont des filles, les Océanides et les Néréides, qui ne cessent de sillonner l'eau salée. Les sources et les fontaines sont habitées par les Naïades, des nymphes qui veillent à ce que personne, mortel ou immortel, ne vienne troubler la pureté des eaux. Les Potamides dans les fleuves et les Limades dans les lacs remplissent les mêmes fonctions. Toutes apprécient les offrandes modestes : du lait et des fleurs.

Une Néréide chevauchant un monstre marin.

Querelleur et insatiable

Poséidon n'a qu'une idée : agrandir son domaine. Mais, pour la possession d'un territoire, il se trouve souvent en concurrence avec un autre dieu : Hélios, le Soleil, Dionysos ou même Héra. En général, ses adversaires se tournent vers Zeus pour les départager ; celui-ci choisit des juges parmi les autres divinités. Toutes respectent Poséidon, mais redoutent de le voir devenir trop puissant. Poséidon perd donc chaque fois son procès, ce qui le rend furieux. Les villes d'Argos et de Corinthe, l'île de Naxos… lui échappent. Que dire d'Athènes !

En concurrence avec Athéna

À Athènes, d'un coup de trident, Poséidon a créé un puits d'eau salée. Mais Athéna y a aussi fait pousser le premier olivier. Tous deux revendiquent la possession de la cité. Poséidon provoque Athéna en combat singulier. La déesse est prête à accepter, mais Zeus s'y oppose : les dieux arbitreront le conflit. Zeus s'abstient, les déesses votent pour Athéna, les dieux pour Poséidon. C'est elle qui gagne, l'olivier étant jugé plus utile que l'eau salée. Furieux, Poséidon menace de noyer la ville sous une énorme vague. Pour apaiser sa rage, Athéna accepte alors que les femmes d'Athènes soient privées de leur droit de vote et que les hommes cessent de porter le nom de leur mère… Poséidon trouvait le pouvoir des femmes excessif !

Amphitrite et son dauphin.

La conquête d'Amphitrite

Nombreux sont les dieux, mais aussi les mortels, qui sont séduits par la beauté des Néréides et souhaitent en épouser une. C'est d'ailleurs parmi elles que Poséidon a choisi sa femme : Amphitrite. Pourtant, la nymphe se méfiait de la violence bien connue du dieu et s'était enfuie. Poséidon dut, pour la convaincre, lui envoyer Delphinos, un dauphin. Celui-ci sut se montrer fin diplomate et, charmée, Amphitrite finit par accepter. Au fond de la mer, elle garde désormais le palais de son époux. Le fils qu'elle lui a donné s'appelle Triton.

Poséidon face à Athéna.

Une Néréide irrésistible

Thétis est tout aussi célèbre. Pour épouser Pélée, roi des Myrmidons, elle s'est longtemps fait prier. Quand on est de nature divine, n'est-ce pas se rabaisser que d'épouser un mortel ? Mais Pélée était beau… Thétis se maria. Tous les dieux se rendirent aux noces et apportèrent de magnifiques cadeaux, dont une armure invulnérable et deux chevaux immortels. Pélée les cédera à leur fils, le héros Achille.

Un dieu inquiétant

Poséidon, d'humeur imprévisible, fait peur. Son royaume est peuplé d'étranges créatures, peu rassurantes, tout comme sa descendance : de son union avec Méduse naît le Géant Chrysaor. Son autre fils, le Cyclope Polyphème, est aussi peu fréquentable !

Apollon, le dieu des prophéties

Apprenant que les enfants de la Titanide Léto seront plus glorieux que les siens, Héra interdit à toute terre de l'accueillir. Les jumeaux de Léto, Apollon et Artémis, naissent ainsi sur une île flottante.

Léto change les paysans en grenouilles.

Une enfance mouvementée

L'île se fixe miraculeusement au fond de la mer et prend le nom de Délos. Mais Héra retrouve les malheureux qui doivent fuir. Un jour où Léto s'apprêtait à baigner ses jumeaux dans un fleuve, des paysans, envoyés par Héra, tentent de l'en empêcher. Furieuse, la Titanide les transforme en grenouilles ! Nourri de nectar, Apollon devient très vite un bel adolescent. Son père, Zeus, lui offre un char attelé de deux cygnes et une lyre.

L'avenir n'a pas de secrets pour lui

Apollon s'envole alors au pays des Hyperboréens, au nord de la Grèce. Il y reste un an. À son retour, il se rend à Delphes. Python, un redoutable serpent, fils de Gaia la Terre, y terrorise les hommes. Apollon pourchasse le monstre jusque dans le temple où Gaia prédisait l'avenir. Il l'abat, prend possession du sanctuaire et hérite du don de prophétie. Le Destin n'a plus de secret pour lui. Il installe dans les lieux une jeune fille, la Pythie, qui, assise sur un trépied, sera chargée de révéler à ceux qui le demandent leur destinée. C'est le fameux " oracle de Delphes " que l'on consultera aussi lors des épidémies pour connaître ce qui a provoqué la colère des dieux.

Un dieu solaire et charmeur

Apollon, c'est le soleil, la lumière, la jeunesse, la beauté. La musique qu'il crée sur sa lyre est envoûtante. Il dirige le chœur des Muses et inspire les poètes. Apollon possède le charme de l'homme accompli. Pourtant, il n'a pas toujours les succès qu'il escompte. Amoureux de la nymphe Daphné, sûr de la conquérir, il la poursuit joyeusement. Mais la nymphe n'aime guère les hommes et s'enfuit. Plutôt que d'être attrapée, elle préfère se changer en buisson de laurier. Désespéré, Apollon décide que cet arbuste deviendra sa plante sacrée. Désormais, avant de rendre leurs prédictions, ses prêtresses devront se purifier en mâchant quelques feuilles de cette plante.

Daphné poursuivie par Apollon et secourue par son père, le dieu fleuve Pénée.

Les trois Moires

Les Grecs pensaient que le destin de chaque homme était fixé à l'avance. À l'origine, Moira exécutait la volonté divine, mais elle avait tant à faire qu'elle finit par se diviser en trois Moires. À la naissance de chaque être humain, Clotho fabrique un fil. En débobinant ce fil, Lachésis suit le déroulement de la vie. Atropos donne la mort en le coupant. Les Romains les appelleront "les trois Parques".

Un bras vengeur

Apollon est certes séduisant et charmeur, mais les flèches qui jaillissent de son arc d'argent sont terribles. Il peut répandre des épidémies et terrorise ceux qui l'ont mis en colère. On lui attribue toutes les morts subites. Ses victimes ne se comptent plus : Marsyas prétend-il créer une musique supérieure à la sienne ? Le dieu musicien fait écorcher son adversaire pour son arrogance. Il n'hésite pas non plus à décimer les guerriers grecs pour soutenir les Troyens pendant la guerre de Troie (*voir pp. 72-73*).

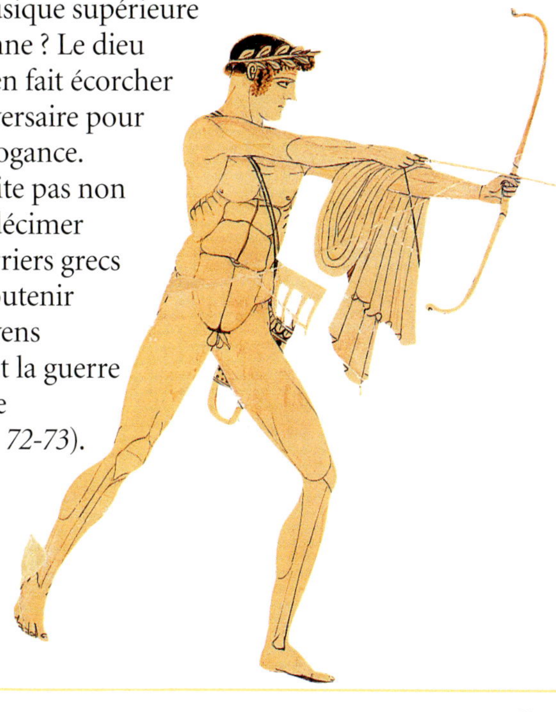

Athéna et Artémis

Ces deux demoiselles de l'Olympe ont de nombreux prétendants mais refusent de se marier. Guerrière ou chasseresse, aucune ne tolère d'ailleurs la moindre familiarité !

Une naissance remarquée

La naissance d'Athéna est particulièrement extraordinaire. Sa mère, Métis la Sagesse, première épouse de Zeus, est enceinte d'elle lorqu'un oracle prédit que si elle met au monde un fils, celui-ci chassera Zeus de l'Olympe. Par prudence, Zeus avale Métis ! Mais quelque temps plus tard, le voilà pris d'un violent mal de tête ; aucun remède n'en vient à bout. Pour soulager Zeus, Héphaïstos, le dieu forgeron, lui fend le crâne. Athéna en sort, tout habillée et casquée.

Athéna d'après Alcamène, sculpteur du Ve siècle av. J.-C.

Ennemie de la force brutale

Athéna est une guerrière. Elle combat les Titans aux côtés de Zeus. Excellente tacticienne, elle domine toujours ses adversaires par son intelligence mais ne dédaigne pas pour autant la magie. Il lui arrive de paralyser ses ennemis ou de rendre invisibles ses alliés ; quant à son bouclier, il la rend invincible. Mais, toute jeune fille, en jouant à se battre, elle a tué par accident son amie Pallas. Depuis, elle méprise la force brutale et déteste le dieu de la guerre, Arès. Ils se combattent souvent et c'est toujours elle qui gagne !

Une protectrice avisée

Cependant, l'idéal d'Athéna n'est pas de se battre, mais de voir ses sujets vivre en harmonie avec leurs voisins. L'olivier qu'elle a planté à Athènes est d'ailleurs devenu le symbole universel de la paix. Les mythes racontent qu'elle a aussi donné à cette cité des lois pour aider ses habitants à rendre la justice. Son but est de leur faire comprendre que l'intelligence est plus puissante que la force. Pour ses protégés, elle invente également l'art de la cuisine, le tissage, la flûte, la charrue, le char, le dressage des chevaux et la construction des navires. Sous sa conduite, les Athéniens deviennent les plus habiles artisans de toute la Grèce. C'est pourquoi ils lui construisent un temple magnifique : le Parthénon.

Actéon changé en cerf par Artémis.

Une colère redoutable

Il n'est guère prudent de s'attaquer à la belle chasseresse, car elle peut ordonner une mort subite ou répandre les épidémies.
Du moindre affront, elle se venge impitoyablement. Un jour, Actéon, grand chasseur lui-même, arrive jusqu'à la source où elle se baigne, nue. Furieuse, elle lui jette un sort. Le voilà transformé en cerf. Il retourne en hâte vers sa meute, mais ses chiens le prennent pour un gibier et le dévorent…

Artémis la chasseresse

Artémis, elle, parcourt le monde, dormant dans les forêts. L'attelage de son char ? Quatre biches aux sabots d'or. Bêtes sacrées, elles sont autorisées à brouter les trèfles de Héra. La distraction favorite de leur maîtresse est la chasse. Tunique courte et brodequins dorés, arc d'argent et flèches d'or, elle traque les bêtes sauvages avec ses chiens.

Entourée de jeunes filles

Au début de la guerre de Troie, le roi Agamemnon, qui commande l'armée grecque, oublie d'offrir un sacrifice à Artémis. Offensée, la déesse fait lever des vents contraires et bloque la flotte.
Elle exige que le roi lui sacrifie sa fille Iphigénie. Le mythe raconte cependant qu'à la dernière minute elle remplaça la malheureuse par une biche. Artémis protège en effet les jeunes filles et n'hésite pas à tuer les hommes qui leur font du tort.
Dès l'âge de trois ans, elle a obtenu de Zeus, son père, une suite de soixante jeunes filles et vingt nymphes, dont elle a fait ses prêtresses.

Artémis sauve Iphigénie et la remplace par une biche.

Hermès et Dionysos

Ces deux fils de Zeus ne ressemblent à aucun autre dieu de l'Olympe. En leur rendant un culte, les hommes ont montré qu'ils leur étaient indispensables.

Premier larcin

Cachée dans une grotte, la nymphe Maïa met au monde un fils, Hermès. À peine emmailloté, l'enfant défait ses langes et va se promener. Par jeu, il vole les bœufs d'Apollon. Il en sacrifie deux aux dieux de l'Olympe et court cacher les autres.
Pour échapper aux poursuites, il efface ses pas et pousse les bœufs à reculons. Celui qui suivra leurs traces s'éloignera ainsi de la cachette !
En regagnant sa grotte, Hermès trouve une carapace de tortue ; il tend des cordes dessus : la lyre est née ! Apollon finit par retrouver ses bœufs. Il n'est pas dupe et fait citer le coupable au tribunal des dieux. L'enfant se défend si bien qu'il fait rire Zeus et gagne le pardon d'Apollon en lui donnant sa lyre. En échange, celui-ci lui tend sa houlette : Hermès y ajoute deux ailes ; deux serpents s'y enroulent : ce sera son caducée, bâton magique qu'il ne quittera plus.

Hermès coiffé de son bonnet pointu, le *pilos*.

Un dieu hyperactif

Élu messager des dieux, Hermès est toujours en mouvement. Pour se déplacer plus vite, il fixe des ailes à ses talons et porte un manteau et un casque ailés. Dieu de la parole et des conversations, mais aussi du mensonge, il aime discuter, charmer, ensorceler. Il peut piéger mais tout aussi bien consoler. Dieu des commerçants, mais aussi des voleurs, dieu de la musique et de l'émotion poétique, dieu des carrefours et des voyageurs : Hermès n'est étranger à aucune activité humaine. Il aide les héros dans leurs difficultés et quand Héra poursuit Dionysos de sa haine, c'est encore lui qui le sauve. Il a aussi la triste charge de conduire les âmes des morts au royaume d'Hadès, le dieu des enfers.

Dionysos, l'enfant trois fois né

Celle qui aurait dû mettre au monde Dionysos s'appelait Sémélé. Elle a voulu voir Zeus dans toute sa gloire et est morte foudroyée (*voir p. 47*). Hermès n'a eu que le temps d'arracher le futur enfant et de le coudre dans la cuisse de Zeus. Dionysos y reste jusqu'à sa naissance. Pour qu'il échappe à la haine de Héra, Zeus le confie ensuite à un couple ami qui, sur les conseils d'Hermès, l'habille en fille. Mais Héra ne se laisse pas berner et rend fous les parents nourriciers. Pour sauver l'enfant, Hermès le transforme alors en chevreau. Un peu plus tard, le malheureux est enlevé par les Titans qui le tuent, le coupent en morceaux et le font cuire ! Heureusement, Athéna sauve son cœur, et sa grand-mère, Rhéa, lui redonne vie. Toutes ces mésaventures font de Dionysos le dieu trois fois né.

Dionysos assis au milieu de ses prêtresses, les ménades.

Un jeteur de troubles

Pour échapper à la haine de Héra, Dionysos fuit en Asie. Là, des nymphes lui apprennent à cultiver la vigne et à faire du vin. Il bouleverse les rapports entre les hommes et les dieux en inventant un culte où la danse et l'ivresse font perdre la raison aux fidèles. Accompagné d'une armée de bruyants admirateurs, surtout des femmes, il voyage. De retour en Grèce, le jeune dieu débarque à Thèbes, la ville de sa mère, sans se faire reconnaître. Les austères Thébains regardent de travers ces barbares et rejettent leur culte. Alors Dionysos fait souffler sur la cité un vent de folie. Les Thébaines abandonnent leurs enfants et s'en vont vivre dans les bois et les montagnes. C'en est trop ! Le roi Penthée fait arrêter Dionysos et envoie ses soldats rechercher les fugitives. Les femmes deviennent des furies et les mettent en pièces. Dans sa folie, la mère de Penthée tue même son fils. Ceux qui se croyaient civilisés ont basculé dans la sauvagerie. Dionysos les avertit ainsi que tout homme porte en lui un étranger.

Dionysos regarde les Thébaines prises de folie s'égailler dans la campagne.

Le théâtre, c'est lui !

Dionysos, dieu du vin et de l'ivresse, est aussi le dieu des fêtes, des beaux-arts et surtout du théâtre. Le nom de son animal fétiche, le bouc, *tragos* en grec, a donné son nom à la tragédie.

Asclépios, le dieu guérisseur

Apollon est le père de l'enfant que la belle Coronis est sur le point de mettre au monde. Mais le dieu ne pardonne pas à la jeune femme son infidélité. Il charge la déesse Artémis de la tuer et arrache son fils, Asclépios, au sein maternel.

Asclépios et ses deux protecteurs : Athéna et le Centaure Chiron.

Apprenti médecin

Chiron, le Centaure sage et bon, est chargé d'éduquer l'enfant. Il lui enseigne tout sur les plantes qui guérissent. Il lui apprend les rites de purification, les ablutions, les libations, les incantations. Enfin, il lui montre comment guérir les malades et soigner les blessés. Quand Asclépios a terminé son apprentissage, Athéna lui offre deux fioles remplies du sang de l'horrible Méduse. Apollon préfère garder pour lui la première, celle qui provoque la mort subite. Asclépios garde la seconde. Le sang qu'elle contient est un remède miracle qui peut ressusciter les morts.

Un dieu très apprécié

Asclépios commence alors sa vie de dieu de la médecine et devient vite réputé. On dit qu'il possède le don de favoriser les naissances ; aussi les femmes qui désirent avoir un enfant sont-elles nombreuses à le consulter. Parmi les médicaments qu'il prescrit, certains fruits tiennent une place de choix. C'est notamment le cas de la figue, connue pour redonner des forces. Sa réputation est telle qu'à Athènes, les figuiers sont décrétés sacrés. Une loi interdit la vente de leurs fruits en dehors de la cité, sous peine de mort.

Asclépios et sa fille Hygie soignant des fidèles.

Guérison par le rêve

Bientôt, on élève à Asclépios des temples dans toute la Grèce. Le plus célèbre est celui d'Épidaure, où les malades, après s'être purifiés, viennent dormir à même le sol, au milieu des serpents. Le dieu leur apparaît en songe et leur communique ainsi le traitement qu'ils doivent suivre.

Hygie et Panacée

Les deux filles d'Asclépios travaillent sous les ordres de leur père. Hygie, chargée des soins préventifs, leur a donné son nom : de nos jours, on appelle hygiène les précautions élémentaires qu'il convient de prendre pour éviter de tomber malade. Sa sœur, Panacée, est plutôt pharmacienne. D'un médicament qui soigne plusieurs maladies ne dit-on pas que c'est une " panacée " ?

Il ressuscite à tour de bras

Même les dieux font appel à Asclépios. Ils finissent par lui demander de ressusciter certains morts. Glaucos, fils du roi Minos, s'est noyé dans une jarre de miel ? Asclépios le ressuscite. Hippolyte, fils de Thésée, est un ami d'Artémis. Il meurt, broyé par ses chevaux emballés. À la demande de la déesse, Asclépios lui redonne vie. Artémis entoure son protégé d'un épais nuage et le transporte en Italie, dans un bois sacré qui lui appartient. Hippolyte y finira ses jours.

Asclépios rend la vie à Hippolyte.

Hadès n'est pas d'accord

Mais Hadès est furieux. Il voit les enfers se vider et craint que son empire ne perde toute sa grandeur sans ses morts les plus célèbres. Alors il se plaint auprès de Zeus, lui disant que l'ordre du monde risque d'être détruit par Asclépios. Pour éviter une telle révolution, Zeus foudroie le malheureux. Mais, pris de remords, il le place au ciel : c'est la constellation du Serpentaire.

Les plus grands des héros

Du sang divin coule dans les veines de ces hommes extraordinaires dont la mythologie vante les exploits. Tous ont pour mère ou pour père une déesse ou un dieu.

Une partie de leur ascendance étant humaine, les héros sont malgré tout mortels. Leur destin les amène à croiser les dieux qui tantôt les aident, tantôt dressent sur leurs pas mille obstacles. Après une enfance difficile, ils affrontent des dangers effrayants. Certains descendent même aux enfers. Tous finissent par connaître une mort violente. Ils sont alors considérés comme " voués à Héra " et honorés par leurs concitoyens.

Persée, fils de Danaé
Ce héros naît des amours interdites de Zeus et de Danaé, la fille unique du roi d'Argos, Acrisios, enfermée par son père dès sa naissance. L'oracle avait prédit en effet que le fils de Danaé tuerait son aïeul. Zeus, transformé en pluie d'or, rejoint dans sa prison la jeune Danaé et lui donne un fils. Furieux, Acrisios enferme la mère et l'enfant dans un coffre et les jette à la mer. Ils échouent sur l'île de Sériphos et trouvent refuge auprès du roi Polydectès.

Au secours d'Andromède
Du sang qui se répand autour de Méduse naît un cheval ailé, Pégase. Persée l'enfourche. Sur le chemin du retour, il voit une belle jeune fille, Andromède, enchaînée à un rocher, sur le point d'être dévorée par un monstre marin. C'est une vengeance de Poséidon : celui-ci n'admet pas qu'on dise Andromède plus belle que ses Néréides.

Méduse en tête
Les années passent. Polydectès rêve d'épouser la belle Danaé, mais son fils, Persée, l'en empêche. Pour l'éloigner, il lui demande de rapporter la tête de Méduse. C'était l'envoyer à une mort certaine car cette créature, dont la tête était entourée de serpents, pétrifiait ses adversaires d'un seul de ses regards. Heureusement, Athéna et Hermès décident d'aider Persée. Voilà notre héros équipé du casque d'Hadès, qui rend invisible, de sandales ailées et d'une serpe tranchante. Il s'approche de Méduse qui ne se doute de rien. Pour ne pas regarder le monstre, il fixe son reflet dans le bouclier que tient Athéna. D'un coup, il tranche la tête du monstre et la cache au fond de sa besace.

Une noce agitée

Persée tue le monstre et épouse la belle. Mais le jour de la noce, des jaloux l'attaquent. Qu'à cela ne tienne, le jeune homme sort la tête de Méduse de son sac et les pétrifie instantanément. Enfin, pour remercier Athéna de son aide, le héros lui fait don de la tête monstrueuse. La déesse la fixe sans tarder à son bouclier, dont la vue suffit dès lors à faire fuir tous ses ennemis.

Jason et les Argonautes

Fils de roi, mis à l'écart par son grand-oncle, Jason vient réclamer le trône à sa majorité. Pélias, l'usurpateur, promet de le lui rendre s'il lui apporte la Toison d'or. C'est une peau dorée magique que détient le roi Aiétès de Colchide, en Asie. Avec l'aide d'Athéna, Jason construit un navire plus rapide qu'aucun bateau existant, l'*Argo*. Puis il recrute cinquante compagnons, tous fils de dieux ou de rois. On les appelle les Argonautes. Héraclès et Orphée en font partie.

Médée ne recule devant rien

Après de nombreuses aventures, les voilà en Colchide. Pour céder la Toison d'or, Aiétès impose à Jason une épreuve terrible : atteler à une charrue deux taureaux cracheurs de feu et labourer toute une colline pour y semer les dents d'un dragon, qu'il faut tuer, bien sûr. Chacune de ces dents donnera naissance à un guerrier que Jason devra affronter. La fille d'Aiétès, Médée la magicienne, tombe heureusement amoureuse du héros et l'aide. Furieux, Aiétès se dédit de sa promesse. Alors, Médée endort le monstre chargé de garder la Toison. Jason la dérobe et court s'embarquer sur l'*Argo*, où la jeune fille le rejoint avec son frère. Aiétès se lance à leur poursuite. Afin de l'arrêter, Médée n'hésite pas à tuer son frère et à jeter son corps à la mer. Aiétès s'arrête pour offrir à son fils une sépulture digne de son rang. Les Argonautes sont sauvés.

Douze travaux pour Héraclès

Pour séduire Alcmène, la mère d'Héraclès (Hercule pour les Romains), Zeus prend tout simplement les traits de son époux ! Héra est furieuse et charge deux serpents d'étouffer leur enfant nouveau-né. Mais le chérubin leur tord le cou ! Héra ne renonce pas à sa vengeance. Des années plus tard, la déesse rend fou Héraclès et le pousse à tuer ses propres enfants.

Pour se purifier, le malheureux se rend à Delphes. L'oracle lui ordonne de se mettre au service du roi d'Argos, Eurysthée. Terrorisé par la force d'Héraclès, celui-ci cherche à s'en débarrasser et invente des travaux insurmontables...

1 - Le lion de Némée

Une vaste forêt, dite de Némée, servait de retraite à un lion monstrueux en Argolide, dans le Péloponnèse. Eurysthée ordonne à Héraclès d'en délivrer la région. Le héros commence par darder l'animal de flèches, mais toutes rebondissent sur sa peau. Il tente ensuite de l'assommer ; sa massue se brise en deux. Alors, il empoigne la bête à mains nues et la tue. Avec sa peau, il se fait une tunique.

2 - L'hydre de Lerne

Eurysthée ordonne ensuite à Héraclès de tuer un serpent monstrueux qui vit au fond des marais de Lerne. Cette hydre a cent têtes et Héraclès a beau les couper, elles repoussent toujours. Il finit par appeler à l'aide son ami Iolaos et tandis que l'un coupe les têtes, l'autre les brûle. Lorsque la dernière tombe, l'hydre meurt. Héraclès trempe aussitôt ses flèches dans son sang car il contient un venin mortel.

3 - Le sanglier d'Érymanthe

En Arcadie (une région du Péloponnèse), sur la montagne d'Érymanthe, un sanglier colossal sème la terreur parmi les troupeaux et les bergers. Héraclès doit le capturer. Rusé, il le fait fuir vers un trou plein de neige et peut alors l'enchaîner.

4 - La biche aux pieds d'airain

La biche de Cérynie appartenait à Artémis ; personne n'avait jamais pu l'atteindre tant elle courait vite. Eurysthée ordonne à Héraclès de la lui rapporter. Héraclès poursuit l'animal un an durant et finit par l'immobiliser sans la blesser, en tirant une flèche entre l'os et le tendon de sa patte avant.

5 - Les oiseaux du lac Stymphale

Les oiseaux sacrés d'Arès nichaient sur le lac Stymphale et faisaient des ravages en Arcadie. Armés d'un bec en fer et de griffes d'airain, ils détruisaient toutes les récoltes. En agitant des castagnettes, Héraclès réussit à les faire s'envoler du lac, puis les abat d'une volée de flèches.

6 - Les écuries d'Augias
Roi d'Élis, Augias possédait plus de trois mille bœufs. Ses étables n'avaient pas été nettoyées depuis une trentaine d'années et infectaient les terres du Péloponnèse. Qu'à cela ne tienne, Héraclès détourne deux fleuves et voilà les écuries propres !

10 - Les bœufs de Géryon
Géryon, un homme monstrueux à trois têtes et six mains, vit en compagnie de bœufs féroces, placés sous la garde d'un molosse à deux têtes et d'un dragon. Pour lui voler son troupeau, Héraclès le poursuit jusqu'en Espagne.

7 - Le taureau de Crète
Le roi de Crète, Minos, promit un jour à Poséidon de lui offrir en sacrifice ce qu'il ferait surgir des flots. Un magnifique taureau blanc en sortit, mais Minos le garda pour lui. Pour se venger, le dieu de la mer rendit fou l'animal qui ravagea la Crète jusqu'à ce qu'Héraclès l'oblige à nager vers le large.

11 - Aux prises avec Cerbère
Eurysthée envoie ensuite Héraclès chercher Cerbère, le chien des enfers. Aidé par Hermès et Athéna, le héros traverse le Styx. Hadès lui permet d'emmener Cerbère s'il n'utilise pas d'armes. Héraclès maîtrise donc le monstre à mains nues.

8 - Les juments de Diomède
Le roi de Thrace, Diomède, élevait des juments cannibales. Pour les nourrir, il leur offrait les étrangers échoués sur le rivage. Eurysthée charge Héraclès de s'en emparer. Le héros les capture, assomme Diomède et le donne à dévorer à ses protégées.

9 - La reine des Amazones
La reine des Amazones portait une ceinture magique que convoitait la fille d'Eurysthée. Pour la dérober, Héraclès livre bataille à ce peuple de guerrières redoutables.

12 - Les pommes des Hespérides
Enfin, Héraclès doit rapporter trois pommes d'or gardées par les nymphes du soleil couchant. Il demande à Atlas de dérober les fruits et, pendant ce temps-là, prend sur son dos le monde que portait le Géant.

Le destin de Thésée

Aetra, la fille du souverain de Trézène, attend un enfant d'Égée, l'hôte de son père. Mais le jeune roi d'Athènes est obligé de partir. Afin que son fils puisse se faire reconnaître de lui, plus tard, il place sous un énorme rocher une épée richement gravée. L'enfant naît. On le nomme Thésée. Ce sera le héros de toute une région, l'Attique.

Premières armes

Adolescent, Thésée récupère enfin l'épée. Il peut désormais se présenter devant son père. La route de Trézène à Athènes est alors peu sûre. Pourtant, Thésée refuse de voyager par mer. Il préfère le danger. Tout au long de la route, des brigands l'assaillent mais il en vient à bout et arrive à Athènes, tout auréolé de gloire.

Les retrouvailles

Égée a épousé Médée la magicienne, dont il a deux enfants. Aussitôt, celle-ci devine qui est Thésée et, pour l'empêcher de prendre la place de son fils, décide de l'éliminer. La reine fait croire à son mari que ce visiteur vient l'assassiner. Le roi prépare donc une coupe empoisonnée et la tend à Thésée. Mais, au même instant, un serviteur apporte un rôti. Thésée tire son épée pour le découper. Égée la reconnaît. Il renverse la coupe, tout heureux de retrouver son fils. Dépitée, Médée disparaît dans un nuage.

Face au Minotaure

Depuis des années, Athènes est obligée de payer un tribut à Minos, le roi de Crète. Et quel tribut ! Sept jeunes gens et sept jeunes filles destinés à être dévorés chaque année par le Minotaure, le fils monstrueux de la reine de Crète, enfermé dans un labyrinthe dont personne n'est jamais ressorti. Thésée demande à faire partie du groupe des condamnés. À son arrivée, la fille de Minos, Ariane, le prend en amitié. Elle lui confie une pelote de fil qui lui permettra de marquer son chemin dans le labyrinthe. Thésée trouve le monstre et le tue. Grâce au fil d'Ariane, il ressort, délivre ses compagnons, enlève la belle et s'enfuit.

Roi malgré lui

Le roi Égée avait autorisé son fils à risquer sa vie à condition qu'au retour, s'il était vainqueur, il change la voile noire de son bateau contre une toile blanche. Malheureusement, après avoir abandonné Ariane dans une île, Thésée oublie le signal convenu. En voyant la voilure, Égée croit que son fils est mort et se jette à la mer qui, depuis, porte son nom. Thésée, orphelin, est désormais roi d'Athènes. La cité doit bientôt se défendre contre l'attaque des Amazones, des cavalières hors pair vivant de pillages. Les Athéniens réussissent à enlever leur reine, Antiopé, et remportent la victoire. Et Thésée épouse la fière guerrière qui lui donne un fils, Hippolyte.

Phèdre, la main du destin

À la mort d'Antiopé, Thésée épouse Phèdre, seconde fille du roi Minos. Hippolyte est maintenant un homme. Adorateur d'Artémis, il déteste les femmes. Pourtant, Phèdre s'éprend de lui. Il la repousse. Craignant qu'il ne parle à son père, elle prend les devants et accuse le jeune homme de lui avoir fait la cour. Thésée, furieux, demande à Poséidon de punir son fils. Hippolyte est alors à la chasse. En bord de mer, il lance son char au galop. De l'écume des flots surgit un monstre. Effrayés, les chevaux s'emballent ; Hippolyte est broyé par son char. En apprenant la nouvelle, Phèdre, désespérée, se pend. Thésée perd ainsi en un seul jour sa femme et son fils.

Drôle de reconnaissance !

Lassés de l'esprit d'aventure de Thésée, leur roi, les Athéniens avaient fini par chasser le héros qui mourut en exil, assassiné. Mais, par la suite, ils reconnurent que c'était grâce à lui qu'Athènes était devenue la grande cité qui dominait la Grèce. Aussi lui rendirent-ils un culte.

Hippolyte devant son père et Phèdre.

Des héros malheureux

Orphée et Œdipe sont deux héros au destin tragique. Leur malheur symbolisait aux yeux des Grecs la triste condition humaine, à laquelle nul ne peut échapper…

Un chanteur hors-pair

Orphée possédait au plus haut point le don de la musique et de la poésie. Lorsqu'il chantait en s'accompagnant d'une lyre, toutes les créatures étaient ensorcelées ; les arbres le saluaient, les tempêtes s'apaisaient. Les dieux eux-mêmes cédaient à la magie de son art.

Eurydice aux enfers

Orphée aimait passionnément sa jeune épouse, Eurydice. Mais, un jour, celle-ci meurt, mordue par un serpent. Orphée, éperdu, se précipite chez Zeus et obtient la permission de descendre aux enfers. Sa merveilleuse musique emplit le royaume souterrain. Charmé, le terrible Cerbère le laisse passer. Orphée supplie alors le maître des lieux de lui rendre son Eurydice. Perséphone plaide en sa faveur. Hadès se laisse fléchir, mais pose une condition : Orphée ne doit pas regarder Eurydice avant qu'elle soit revenue sur terre.

Un don de famille

Orphée avait hérité ses dons artistiques de sa mère qui n'était autre que Calliope, la Muse préférée d'Apollon. Calliope « à la belle voix » était la protectrice des poètes et des orateurs.

Un regard de trop

Le cœur gonflé d'espoir, Orphée remonte vers le monde des vivants. Eurydice le suit… Lorsqu' il atteint enfin la lumière, dans sa hâte, le héros se retourne. Hélas ! Eurydice est encore dans l'obscurité de l'enfer… Horrifié, Orphée voit son ombre disparaître à jamais. Inconsolable, il dédaignera les femmes de son pays qui, furieuses, finissent par le lyncher. Elles enferment son pauvre corps dans une boîte qu'elles jettent à la mer. Une musique enchanteresse s'en échappe. Émerveillées, les nymphes de l'île de Lesbos lui offrent une sépulture.

La mort d'Eurydice.

Une prophétie de mauvais augure pour Œdipe

L'oracle l'avait dit : « Si le roi de Thèbes, Laïos, a un fils, celui-ci tuera son père et épousera sa mère. » On comprend qu'à la naissance de leur fils, le roi et la reine s'empressent d'abandonner le nouveau-né aux bêtes sauvages, en l'attachant à un arbre par les pieds. C'était compter sans le destin. Un berger le trouve et le confie au roi de Corinthe, sans enfant. On le nomme Œdipe, ce qui signifie "pied enflé" !

Œdipe et la sphinge, un monstre ailé, mi-femme, mi-lionne.

L'oracle avait dit vrai

Devenu grand, Œdipe part consulter la Pythie pour éclaicir le mystère de sa naissance. Celle-ci lui conseille de ne pas retourner dans son pays. Œdipe fuit donc Corinthe. En route vers la Boétie, un conducteur de char le bouscule. Œdipe le frappe et le tue, ignorant que c'est son père Laïos. Arrivé aux portes de Thèbes, il apprend qu'une sphinge terrorise tous les voyageurs. Ce monstre dévore ceux qui ne savent pas répondre à ses devinettes. La reine Jocaste a promis d'épouser celui qui la vaincra. Œdipe tente sa chance.

Des devinettes fatales

« Quel est l'animal qui marche sur quatre pattes le matin, sur deux à midi et sur trois le soir ? » Œdipe trouve la bonne réponse (*voir encadré*). « Quelles sont les deux sœurs dont chacune meurt pour engendrer l'autre ? » Œdipe devine encore. Vaincue, la sphinge se donne la mort. Et sans savoir qu'il est son fils, Œdipe épouse Jocaste. Quatre enfants naissent de leur union incestueuse.

Une errance maudite

Quelques années plus tard, la peste frappe Thèbes. Pour éloigner le fléau, Œdipe consulte à nouveau l'oracle et apprend la vérité. Épouvanté, le malheureux se crève les yeux. Jocaste se pend. Chassé par ses fils, le héros erre de cité en cité et finit par mourir à Colone.

Réponse à tout

Voici les réponses d'Œdipe :
Solution 1 : l'homme. Enfant, il rampe sur ses mains et ses genoux, puis il marche debout et, dans sa vieillesse, s'appuie sur un bâton.
Solution 2 : le jour et la nuit.

La guerre de Troie

Dans cette guerre, on ne sait pas quelle est la part du mythe et celle de l'histoire. Mais, à son propos, Homère a écrit une œuvre inoubliable : *L'Iliade*. En vingt-quatre chants, cette épopée raconte le siège et la prise de la ville de Troie, appelée Ilion par les Grecs.

L'histoire commence par un mariage : celui du roi de Sparte, Ménélas, et de la belle Hélène, fille de Léda et de Zeus. Les rois grecs (les Achéens) s'engagent à punir celui qui ne respecterait pas cette union. Pour rendre leur serment sacré, ils jurent sur le sang d'un cheval.

Sur l'Olympe, les dieux s'amusent. Éris la Discorde organise un concours de beauté : le prix à gagner est une pomme d'or. Héra, Athéna et Aphrodite sont candidates. Zeus désigne le prince troyen, Pâris, comme juge. Aphrodite l'emporte car elle promet au Troyen de l'aider à séduire Hélène, la plus belle femme du monde. Vexées, Héra et Athéna soutiendront les Grecs pendant le conflit. Pâris se rend à Sparte et profite un jour de l'absence de Ménélas pour enlever Hélène. Les rois grecs ont juré ; par solidarité, ils doivent déclarer la guerre à Troie.

Sous le commandement d'Agamemnon, un frère de Ménélas, la flotte grecque se réunit à Aulis. Mais aucun vent ne souffle. L'oracle leur apprend qu'Artémis exige le sacrifice d'Iphigénie, la fille d'Agamemnon. Mais, au dernier moment, elle l'épargne et la transforme en biche.

Pendant toute la guerre, les guerriers les plus valeureux s'affrontent en combats singuliers. Ceux qui opposent Hector le Troyen à Patrocle et Achille figurent parmi les plus célèbres. Beaucoup y trouvent la mort. Après dix ans de siège, le Grec Ulysse, roi d'Ithaque, a une idée : il fait construire un énorme cheval de bois, le fait déposer sur la plage et ordonne aux vaisseaux grecs de se retirer. Les Troyens se croient vainqueurs et tirent le cheval dans la ville. Mais Ulysse et des guerriers sont cachés à l'intérieur. De nuit, ils sortent et ouvrent les portes de la cité aux leurs. Troie est prise et anéantie.

Le retour d'Ulysse

Le merveilleux récit qui a pour titre *L'Odyssée* doit son nom au héros grec Odysseus, que nous appelons Ulysse. Après la victoire des Grecs sur les Troyens, ses douze vaisseaux, chargés de butin, prennent la mer pour revenir à Ithaque : une navigation de trois ou quatre mois au plus… Ulysse mettra dix ans.

1 - Entre les mains du Cyclope Polyphème

Les navigateurs abordent bientôt le pays des Cyclopes. Parti en reconnaissance avec quelques compagnons, Ulysse trouve dans une grotte de quoi boire et manger. Mais le Cyclope Polyphème les surprend chez lui et les enferme. C'est un colosse, avec un seul œil au milieu du front. Il commence à dévorer un marin, puis deux... Ulysse réussit à l'endormir en le faisant boire. Puis, avec un tronc d'arbre, il lui crève l'œil. Fou de rage, Polyphème tente d'attraper les marins. Pour lui échapper, Ulysse et ses amis se cachent sous le ventre des béliers que le Cyclope libère au petit matin.

2 - La flotte se réduit

Éole, dieu des vents, souhaite aider Ulysse. Il emprisonne tous les vents contraires dans un sac et le lui confie. Mais près du but, Ulysse, fatigué, s'endort. Curieux, les marins ouvrent le sac. Les vents s'échappent, se déchaînent et la flotte est rejetée au large de la Sicile, où des Géants, les Lestrigons, bombardent les navires. Onze font naufrage.

3 - Les enchantements de Circé

L'île de Circé semble accueillante. Mais, pour avoir mangé ce que la magicienne leur a proposé, les marins sont transformés en cochons. Seul Ulysse résiste aux enchantements grâce au contre-poison qu'Hermès lui a donné. Circé, fort étonnée, lève le sortilège et les marins reprennent forme humaine. Sur son conseil, Ulysse descend aux enfers, où l'ombre du devin Tirésias lui dit ce que lui réserve le destin : il sera seul à regagner sa patrie.

4 - Le chant des sirènes
Sur sa route, le vaisseau doit longer l'île des Sirènes, monstres à corps de femme et à ailes d'oiseau. Leurs voix sont si belles qu'elles rendent fous les navigateurs. Ils se laissent attirer et dévorer. Ulysse bouche les oreilles de ses marins avec de la cire et s'attache au mât pour ne pas céder à la tentation.

Prisonnier chez Calypso

Après le châtiment de Zeus, Ulysse se retrouve seul. Le courant le fait dériver jusqu'à l'île de la nymphe Calypso. Il lui plaît tellement que, malgré ses pleurs, elle le garde auprès d'elle sept ans ! Zeus et Athéna doivent intervenir. Calypso le laisse alors construire un radeau et repartir.

5 - Un sacrilège impardonnable
Lors d'une étape, les rescapés trouvent un troupeau de bœufs. Ils en dévorent quelques-uns. Malheureusement, ces animaux appartenaient au Soleil. Pour les punir de cet acte sacrilège, Zeus envoie une tempête qui les noie tous, sauf Ulysse qui n'a pas participé au festin.

6 - Poséidon se fâche
Poséidon ne pardonne pas à Ulysse d'avoir blessé son fils, le Cyclope Polyphème. Il provoque une tempête qui rejette le héros sur une côte inconnue. Épuisé, Ulysse s'endort. À son réveil, il rencontre sur la plage la jeune princesse Nausicaa qui le conduit chez son père, le roi Alcinoos. Après s'être fait raconter la guerre de Troie, celui-ci fait reconduire son hôte à Ithaque.

7- Enfin chez lui !
La femme d'Ulysse, Pénélope, l'attend fidèlement depuis son départ pour Troie. Vingt ans déjà ! Elle n'a pas cédé aux prétendants qui, la croyant veuve, veulent l'épouser. Pour leur échapper, elle a décrété qu'elle se remarierait lorsque la toile qu'elle tisse serait achevée, prenant bien soin de défaire la nuit ce qu'elle a tissé le jour. Ulysse se déguise en mendiant et, avec l'aide de son fils Télémaque et de quelques fidèles, massacre tous les prétendants. Alors seulement, il se fait reconnaître de la fidèle Pénélope.

Les dieux d'origine romaine

Les dieux romains sont au départ très différents des dieux grecs. Ils n'ont pas d'histoire et leur nom se réduit souvent à celui de la vertu qu'ils incarnent : Victoire, Abondance, etc. On les honore pour garantir la prospérité de la famille et surtout celle de la patrie. Obéir aux rites, pour les Romains, est bien plus important que d'expliquer l'origine des choses. Leurs mythes sont donc très peu nombreux.

Dieux de la nature, sauvage ou domestiquée

Chez les Romains, le maître mot est " civilisation ". Ils ont horreur de la nature sauvage et cherchent sans cesse à la domestiquer. Pour eux, l'espace est divisé en deux : d'un côté, les lieux où les hommes sont maîtres chez eux (champs, vergers et pâturages), placés sous la protection, entre autres, de Quirinus et de Faunus, le dieu des bergers ; de l'autre, tout ce qui échappe à l'homme et fait peur (forêts, maquis et friches), royaume du dieu Silvanus, confondu avec Pan au IIe siècle.

Pan, dieu de la nature sauvage et hostile, enlevant une nymphe, symbole de la nature familière.

Janus, le dieu du temps

Janus n'a pas d'équivalent chez les Grecs. Dieu des origines, il préside à tout ce qui commence : le premier mois de l'année (janvier porte son nom), le début du mois et le matin de chaque journée. On ne commence rien d'important sans l'avoir invoqué. Un culte familial lui est rendu sur le seuil des maisons, car il est le dieu des portes et des passages. Son temple, construit sur la colline du Janicule, à Rome, reste fermé en temps de paix, mais est ouvert en temps de guerre pour qu'il puisse défendre la ville.

Janus possédait le don de connaître le passé et l'avenir. Il avait donc deux visages, l'un tourné vers l'avant, l'autre vers l'arrière.

Protecteurs du foyer et de la cité

Depuis les temps les plus reculés, les Romains vénèrent les pénates, protecteurs des foyers, les lares, représentant les ancêtres célèbres d'une famille, et les mânes, les âmes des parents récemment décédés. Le père de famille préside à leur culte. Vesta, quant à elle, est la protectrice du peuple romain. Un feu symbolise sa présence dans le vestibule de chaque maison et dans son temple, à Rome, où il ne doit jamais s'éteindre ; six prêtresses, les vestales (*ci-dessus*), y veillent.

Des dieux qui s'exportent bien

Jupiter, Junon et Minerve étaient les dieux empruntés aux Grecs les plus honorés. Cette triade divine fut exportée dans tout l'Empire romain.

Les dieux grecs s'invitent chez les Romains

Si ces divinités anciennes sont toujours restées présentes, le panthéon romain s'est enrichi peu à peu de personnages plus humains, très proches des dieux grecs, dont les aventures poétiques ont séduit les Romains. Ainsi retrouve-t-on, sous un autre nom, des dieux grecs dont les fonctions n'ont pas changé. Certains ont pris plus d'importance, tel Mars, le dieu de la guerre, que les Romains considèrent comme le père de leurs ancêtres mythiques, Remus et Romulus.

Mars et Vénus.

Jeu de correspondances

Dieux romains	Dieux grecs
Jupiter	Zeus
Junon	Héra
Minerve	Athéna
Mars	Arès
Neptune	Poséidon
Vulcain	Héphaïstos
Mercure	Hermès
Pluton	Hadès
Proserpine	Perséphone
Cérès	Déméter
Diane	Artémis
Vénus	Aphrodite
Bacchus	Dionysos
Vesta	Hestia
Esculape	Asclépios

L'épopée d'Énée

Les Grecs avaient *L'Odyssée*, les Romains, grâce au poète Virgile, eurent *L'Énéide*, un récit d'aventures qui commence à la fin de la guerre de Troie, côté troyen. Son héros, Énée, après mille aventures, s'installe dans la région de la future capitale du monde, Rome.

Une fuite désespérée

Énée, fils de la déesse Vénus et d'un mortel, Anchise, a épousé Créüse, la fille du roi des Troyens. Durant la guerre, un seul de ses concitoyens le surpasse en vaillance : Hector, son beau-frère. Lorsque l'armée grecque envahit la ville de Troie, toute résistance est impossible. Au milieu des ruines et des flammes, Créüse, mortellement blessée, presse son mari de sauver leur enfant, Ascagne. La mort dans l'âme, Énée se décide à fuir. Sur son dos, il charge Anchise, son père aveugle. Dans ses bras il serre son fils, sans oublier les statues sacrées de la ville, les pénates. Là où il les installera, là sera sa nouvelle patrie. Échappant aux pillards, ils gagnent le mont Ida et, après avoir rallié d'autres fugitifs, s'embarquent, à la recherche de nouvelles terres.

Les péripéties de l'exil

Énée fait d'abord étape au nord de la Grèce, en Thrace, puis au sud, en Crète. Il s'arrête aussi dans l'île de Délos. En Sicile, son père vient à mourir. Énée y reste le temps des funérailles et des cérémonies de deuil. Puis il reprend la mer. Une tempête rejette son navire sur la côte africaine, près d'une petite ville appelée Carthage. Là, il est reçu par la reine Didon. Énée l'aide à agrandir la ville. Très vite, la reine s'éprend d'Énée et lui parle de mariage. Mais les dieux ont choisi pour Énée un autre destin. Il obéit donc à l'ordre de Jupiter et repart vers l'Italie. De désespoir, Didon se donne la mort.

Énée vainc Turnus, roi des Rutules.

L'étranger prédestiné

Le roi Latinus, fils d'Ulysse et de Circé, et Turnus, roi des Rutules, règnent sur la région. Turnus a demandé la main de la fille de Latinus, Lavinia. Mais un oracle a prédit à celle-ci qu'elle épouserait un étranger venu par la mer. L'oracle a précisé qu'ensemble ils donneraient naissance au peuple destiné à dominer le monde. Dès l'arrivée des Troyens, Latinus comprend qu'Énée, leur chef, est celui dont l'oracle a prédit la venue. Il lui donne donc sa fille. Turnus est furieux. Il leur déclare la guerre. Mais Énée, soutenu par sa mère, Vénus, et par Jupiter, remporte la victoire. Jusqu'à sa mort, Latinus partagera la royauté avec lui.

Détour par les enfers

Arrivé en Italie, Énée se rend à Cumes voir la Sibylle qui rend les oracles. Elle lui conseille d'aller aux enfers revoir son père et ses ancêtres et prend même la peine de le conduire. Au séjour des morts, l'ombre d'Anchise lui apprend les secrets du monde et le destin qui fera de lui le fondateur du peuple romain. Revenu chez les vivants, Énée reprend sa navigation vers le nord. Le voilà à l'embouchure du Tibre. Il y débarque avec toute sa suite, bien décidé à trouver là les terres qu'il recherche.

Les exilés à l'œuvre

En l'honneur de Lavinia, son épouse, Énée construit une ville qu'il nomme Lavinium. Dans le même temps, son fils Ascagne fonde la ville voisine d'Albe la Longue. C'est ainsi que, peu à peu, les fugitifs de Troie peuplent toute la région qui verra naître Rome.

Didon accueille Énée et son fils Ascagne.

Marque de fabrique

On appelait souvent Ascagne par son surnom, Iule. En souvenir, ses descendants formèrent la *gens Julia*, dont Jules César était issu.

La naissance de Rome

Deux frères, descendant d'Énée, se disputent le trône d'Albe la Longue. Amulius finit par l'emporter et oblige sa nièce, Rhéa Silvia, à devenir vestale, la condamnant au célibat. C'était compter sans le dieu Mars, qui la séduit. Deux jumeaux bien embarrassants naissent de cette union.

Sauvés par une louve

Lorsqu'il l'apprend, Amulius furieux fait exécuter Rhéa Silvia et enfermer les nouveau-nés dans une corbeille que l'on jette dans les eaux du Tibre. Il s'en croit débarrassé mais… le berceau de fortune vient s'échouer près de la tanière d'une louve. Les deux bébés roulent sur le sol. La louve les adopte et les allaite. Quelque temps plus tard, le berger du roi les trouve et, avec sa femme, les élève jusqu'à leur adolescence. Comme beaucoup d'enfants, Romulus et Remus sont alors fort turbulents !

Crimes en série

Quand il apprend sa véritable identité, Romulus décide de rétablir sur le trône son grand-père, Numitor. Il tue Amulius, l'usurpateur, puis il choisit avec son frère de fonder une ville là où la louve les a nourris. Chacun monte sur une colline : le Palatin pour Romulus, l'Aventin pour Remus. De là, chacun compte les vautours qu'il voit. C'est Romulus qui en aperçoit le plus. C'est donc à lui de tracer le sillon symbolique marquant les limites de la ville. Cette ligne est sacrée et personne ne doit la franchir. Mais, pour se moquer, Remus la traverse d'un bond. C'est un sacrilège. Romulus ne le tolère pas et tue son frère. Il sera le seul fondateur de la cité et lui donnera son nom, Rome.

Romulus et Remus
en viennent aux mains.

Les augures

Les Romains héritèrent des Étrusques, les premiers habitants de la Toscane, une véritable science de la divination dont étaient responsables des prêtres, les augures. Ces derniers observaient et interprétaient quantité de signes (état du foie d'un animal sacrifié, vol des oiseaux, forme des éclairs, etc.) pour connaître la volonté des dieux. On les consultait avant d'entreprendre toute action importante, notamment la fondation de nouvelles cités.

Monté en grade

On raconte que Romulus fut enlevé par son père, le dieu Mars, à la fin de son très long règne. Tandis qu'il passait en revue son armée, un orage éclata et il disparut dans un nuage. Personne ne le revit jamais.
Les Romains le considérèrent désormais comme un dieu et l'honorèrent sous le nom de Quirinus.

Cela manque de femmes !

Pour peupler la nouvelle ville, Romulus fait appel à des aventuriers et à des fugitifs. Mais tous sont des hommes. Comment y attirer des femmes ? Romulus a une idée ; il invite à une fête les habitants d'une ville voisine, les Sabins. Pendant les réjouissances, les Romains enlèvent les Sabines.
C'est la guerre ! Romulus implore l'aide de Jupiter. Mais finalement, la paix revient grâce aux femmes qui réussissent à réconcilier leurs frères et leurs maris.

L'Europe du Nord

Les Celtes et les Germains ont progressivement conquis et peuplé toute l'Europe entre le XIe et le IIe siècle av. J.-C. De la mythologie celte, nous ne connaissons que quelques récits, transcrits par des moines irlandais et gallois entre le VIe et le XIIe siècle ap. J.-C.

La mythologie des Germains, originaires de Scandinavie, a pour sa part été mieux conservée grâce aux Islandais. Ces descendants des Vikings, tardivement christianisés, ont continué jusqu'au Moyen Âge à raconter les récits sacrés de leurs ancêtres que des moines ont finalement mis par écrit vers le XIIe siècle.

Germains et Vikings

Originaires du sud de la Scandinavie, les premiers Germains émigrèrent dans les grandes plaines d'Europe du Nord entre 1000 et 500 av. J.-C. Bien qu'occupant un territoire immense, leurs descendants parlaient des langues assez semblables et partageaient les mêmes croyances et les mêmes mythes.

Toutes cousines

Il existait plusieurs langues germaniques, toutes parentes. Celle des Germains de l'Est, le gotique, est une langue morte depuis le Ve siècle ; on la connaît grâce à un évêque qui eut la bonne idée de traduire la Bible dans cette langue. Le germanique occidental a donné l'anglais, le néerlandais et l'allemand. Le germanique septentrional, dont dérivent les langues scandinaves, est connu quant à lui par des textes en vieil islandais du XIIe siècle. C'est la langue des Vikings qui, s'ils revenaient, pourraient encore se faire comprendre de n'importe quel Islandais !

Langues actuelles descendant du germain.

Pendentif viking, trouvé en Suède, représentant une tête de guerrier.

Poussée de fièvre à l'ouest

Les Germains de l'Ouest, attirés par la civilisation romaine, devinrent en quelques générations et sans trop de remous des citoyens de l'Empire romain. Les choses se gâtèrent vers 375 lorsqu'un peuple mongol, les Huns, chassa vers l'ouest les Goths, des Germains installés entre la Baltique et la mer Noire. Par ricochet, d'autres peuples germains furent poussés vers l'ouest. Ostrogoths, Wisigoths, Francs et Burgondes s'installèrent en Italie, en Gaule et en Espagne. Vers 400, les Romains, débordés, abandonnèrent la Grande-Bretagne.

Des Scandinaves très entreprenants

Confrontés à la nature hostile de leur pays, les Germains du Nord furent attirés par la richesse de l'Europe continentale et des îles Britanniques. Une fois les Romains partis d'Angleterre, trois tribus – les Jutes, les Angles et les Saxons – débarquèrent et imposèrent aux Celtes leur autorité et leur langue, l'anglo-saxon. Durant tout le Moyen Âge, ces Scandinaves se lancèrent sur les mers pour acquérir richesses et renom.

Les raids vikings

Aux alentours de l'an 800, ils se livrèrent à de nombreux raids. On les appelait les Normands – *Nor(d)menn* signifie " hommes du Nord " – ou encore les Vikings. Leur atout majeur était leurs bateaux, les plus rapides de l'époque. Les têtes de dragon amovibles, ou *drekar,* qui ornaient la proue, étaient censées effrayer les esprits protecteurs du pays ennemi ; on les retirait en contrée amie.

Coiffes rituelles vikings. Les casques des guerriers n'avaient, eux, aucune corne.

L'Islande, terre de mémoire

Vers 874, des Norvégiens du sud-ouest du pays entreprirent la conquête d'une terre vierge, l'Islande. Les soirs d'hiver, pour se distraire, ces colons se racontaient les mythes de leurs ancêtres. Une fois christianisés, des prêtres ou des laïcs cultivés mirent par écrit ces récits fort anciens dans deux recueils poétiques, les *Eddas*. On y retrace la création du monde et les relations entre les dieux, les hommes et les géants. Ce sont donc les Islandais qui ont le plus fidèlement transmis les croyances des Germains du Nord.

La création du monde

Pour les Germains, l'univers est né au sein d'un gouffre sans fond, Ginnungagap. Au nord se trouve Niflheim, le monde du froid, fait de brumes, de ténèbres et de glaces ; au sud, une fournaise, Múspellsheim.

Jörmungand, le terrible serpent qui entoure Midgard, la terre des hommes.

Ymir, le géant des brumes

Au contact des étincelles de Múspellsheim, la glace se met à fondre et forme une écume tiède d'où émerge un être primitif et mauvais, le géant Ymir. En dormant, il engendre trois géants, ancêtres d'une longue lignée d'êtres bruyants et malfaisants. Des gouttes de givre sort également Audhumla, la vache originelle. De ses pis coulent quatre fleuves de lait qui nourrissent Ymir. La vache se met à lécher les pierres de givre, d'où jaillit un être beau, grand et vigoureux, Búri (" le géniteur "), qui aussitôt engendre un fils, Borr. En s'unissant à lui, la fille d'un géant donne naissance à trois fils : Odin ("Fureur"), Vili ("Volonté") et Vé ("Sanctuaire"). Les dieux sont nés !

La guerre des clans

Les Ases forment la plus ancienne famille divine. Plus tard apparurent les Vanes, des dieux favorisant la vie et la fertilité. Une guerre opposa ces deux clans, mais personne n'en sortit vainqueur. Les dieux finirent donc par signer une trêve et échanger des otages !

Audhumla délivrant Búri du givre.

Un bain de sang

Les trois frères tuent Ymir, provoquant un déluge de sang si terrible que tous les géants du givre meurent noyés. Seuls un certain Bergelmir et sa femme en réchappent, sauvant cette race querelleuse de la disparition. Les trois dieux créent alors le monde à partir de la dépouille d'Ymir. Avec sa chair, ils modèlent la terre, et avec son sang, la mer ; ses os servent à former les montagnes, ses cheveux les arbres, son crâne la voûte céleste, sa cervelle tous les nuages à l'aspect sombre et, avec ses sourcils, les dieux bienfaisants bâtissent l'enceinte de Midgard, la terre du Milieu. Odin engendre ensuite tous les autres dieux Ases.

À l'ombre d'Yggdrasill

L'univers qui se forme alors comprend neuf mondes. Un arbre gigantesque, le frêne Yggdrasill, les englobe tous, de haut en bas. De nombreuses créatures l'habitent : un écureuil, quatre cerfs, un aigle, etc. Il possède trois racines. La première court jusqu'à la source d'Urd ①, près de laquelle viennent siéger les dieux lorsqu'ils rendent justice ; trois vierges y résident. La seconde racine s'enfonce dans les terres glacées des géants et rejoint la source de toute sagesse ②, placée sous la garde d'un homme très prudent, Mimir. La troisième rejoint le gouffre de Niflheim et la source Hvergelmir ③, mais un dragon la ronge, menaçant ainsi de faire s'écrouler l'arbre cosmique.

Les neuf mondes

Au-dessus de la terre se trouve Asgard, la résidence des dieux Ases, mais aussi Vanaheim, le monde des dieux Vanes, et Alfheim, le pays des Alfes clairs, des divinités de la fertilité. Sur terre, au milieu, se trouve Midgard, le domaine des hommes, entouré d'une muraille autour de laquelle se love un serpent, Jörmungand. Tout autour s'étend Utgard où se trouve le pays des géants exilés, Jötunheim. Plus loin encore, les Alfes noirs vivent dans les rochers de Svartalfheim. Sous terre, on trouve Nidavellir, le domaine des nains. Et, plus bas encore, subsistent les vestiges du gouffre de Niflheim, où la déesse Hel règne sur les morts qui n'ont pas péri au combat.

Le règne d'Odin

Odin est le plus important des dieux nordiques. Il commande à toutes choses et règne sur un monde tourmenté, âpre et farouche. Dieu de la poésie, mais aussi de la victoire et des morts, on lui offre des sacrifices humains.

Des compagnons redoutables

Grand voyageur, Odin possède un cheval exceptionnellement rapide, doté de huit membres, et une arme magique, la lance Gungnir, qui ne manque jamais son but. Par conséquent, il donne la victoire comme il l'entend et favorise ses héros préférés. On le trouve toujours accompagné de deux corbeaux, perchés sur ses épaules. Tous les matins, il les envoie surveiller le monde et se tient ainsi informé.

Deux loups se couchent à ses pieds : Geri ("glouton") et Freki ("affamé"). Il les nourrit de viande, mais lui-même n'avale aucune nourriture. En revanche, il ne dédaigne pas le vin !

Une armée de morts

Odin doit contenir les géants qui menacent sans cesse de détruire le monde. Il rassemble inlassablement une troupe de guerriers dans son palais afin d'affronter, à la fin des temps, toutes les créatures mauvaises. Ses neuf filles, les Walkyries, l'aident dans cette tâche et, chaque jour, s'en vont sur leurs fringants coursiers ressusciter les héros morts sur les champs de bataille.

Une Walkyrie.

Toujours au front !

Odin n'a pas une vie de tout repos comme le montre l'épisode de l'hydromel. Après s'être combattus, les dieux Ases et Vanes scellèrent la paix en crachant dans un récipient. Avec leur salive, ils créèrent un sage, Kvasir, détenteur de tout savoir. Malheureusement, deux nains envieux le tuèrent et recueillirent son sang. Ils en firent un hydromel magique en le mélangeant à du miel : celui qui le buvait devenait poète. Les deux nains agressèrent ensuite un géant et sa femme, mais ils eurent fort à faire avec leur fils, Suttungur, qui les jeta sur un récif battu par les flots. Ils sauvèrent leur vie en échange du précieux hydromel que Suttungur emporta dans ses montagnes et fit garder par sa fille Gunnlödh. Quand Odin apprit la chose, il décida de se procurer le fameux breuvage.

Mercredi est son jour

Dans la plupart des langues germaniques, les jours de la semaine portent le nom d'un dieu : Odin (*Wotan*, *Wodan* ou *Woden* pour les Allemands, les Néerlandais et les Anglais) a donné son nom au mercredi qui se dit *Wednesday* en anglais, *Woensdag* en néerlandais et *Onsdag* en danois, norvégien et suédois.

Prêt à tout pour l'hydromel

Sous un faux nom, Odin se mit au service du frère de Suttungur et travailla pour lui tout l'été. Pour tout salaire, il était convenu qu'il recevrait une gorgée d'hydromel. Mais le jour venu, Suttungur refusa de céder la moindre goutte. Odin perça alors un trou dans la montagne et se faufila jusqu'à l'antre de sa fille. Après trois nuits, il obtint de la géante la permission de boire trois gorgées d'hydromel. Il s'empara de tout le liquide et prit la fuite sous la forme d'un aigle. Furieux, Suttungur fit de même et le poursuivit jusqu'au domaine des Ases. À peine arrivé, Odin recracha le nectar dans les plats que les dieux avaient préparés. Mais, dans sa hâte, il laissa tomber quelques gouttes. C'est la part des tout petits poètes ! La poésie est pour cette raison appelée “semence du bec de l'aigle” ou “bière d'Odin”.

Pierre peinte viking de l'île de Gotland, en Suède. À droite, Odin chevauche une monture à huit pattes.

Les dieux nordiques

Chez les Ases (dont le nom signifie " force vitale "), Odin et Tyr se distinguent par leur intelligence et leurs pouvoirs magiques ; les guerriers Baldur, Bragi, Ullur et Thor incarnent en revanche la force à l'état brut. Les dieux Vanes protègent la nature et la vie sous toutes ses formes.

Thor, le gardien de la paix
Fils d'Odin et de la déesse-terre Jörd, Thor est le dieu Ase le plus sympathique. Il garde la demeure des dieux et se bat continuellement contre les géants. Son arme est un marteau, Mjöllnir, qui, tel un boomerang, revient toujours dans sa main après avoir réduit en miettes l'ennemi, le tout dans un déchaînement d'éclairs et de tonnerre. Avec son marteau magique, Thor bénit aussi les mariages et favorise la vie. Ce grand rouquin est le meilleur ami de l'homme. C'est à lui qu'on fait appel lorsque le danger se fait menaçant.

Ullur, le grand sportif
Ce beau-fils de Thor est le dieu Ase de l'hiver et de la chasse. Il a tout du sportif : séduisant, martial, il excelle dans l'art du tir à l'arc, du patinage et du ski. On prête serment sur son anneau, engageant ainsi son honneur.

Heimdallur, veilleur des dieux
Ce fils d'Odin a neuf mères, toutes sœurs ! Il habite sur le pont Bifröst, en forme d'arc-en-ciel, qui relie la terre au ciel, et y monte la garde, nuit et jour. Son ouïe est si fine qu'il entend pousser l'herbe et la laine des moutons. Dès qu'il aperçoit l'ombre d'un géant, ce dieu Ase souffle dans son cor, Gjallarhorn, qui résonne dans le monde entier.

Bragi et Idhunn

Bragi, fils d'Odin, est le dieu Ase de l'éloquence. Sa femme, Idhunn, possède des pommes de jouvence qui empêchent les dieux de vieillir. Elle les conserve précieusement dans un coffre jusqu'au jour où un géant vient l'enlever, elle et son trésor, par la faute de Loki (*voir p. 92*). Condamné à les récupérer, celui-ci se transforme en faucon et ramène Idhunn changée en noix pour voler plus léger !

Freyr

Dieu de la fécondité, il gouverne la pluie, le beau temps et les cultures. C'est le dieu Vane le plus important. Les Alfes clairs lui ont donné un bateau magique - qui se plie et tient dans une poche - et le sanglier aux soies d'or qui tire son char. Un jour, amoureux fou de la belle géante Gerdur, il confie son épée à son serviteur puis oublie de la récupérer. Il s'en mordra les doigts à la fin du monde...

Freyja

Fille de Njördur, le dieu Vane de la mer et du vent, et sœur de Freyr, c'est la Vénus nordique. Elle est très belle et tous les géants sont amoureux d'elle. Elle se partage avec Odin les morts valeureux. Vendredi est son jour !

Baldur, une innocente victime

Beau et pur, ce fils d'Odin a un destin tragique. Il rêve plusieurs fois qu'il va mourir. Pour le protéger, sa mère, Frigg, demande à tous les êtres vivants de ne lui faire aucun mal. Tous promettent ; Baldur devient en théorie invulnérable. C'est compter sans le méchant Loki qui se déguise en femme et confesse Frigg. Elle lui révèle ne pas avoir fait jurer le gui, si frêle. Un jour où les dieux s'amusent à viser Baldur, Loki glisse dans la main d'Hödur, un dieu aveugle, une flèche de gui. Hödur tire et aussitôt Baldur s'écroule, foudroyé.

Loki, Tyr et les monstres

Bien que fils de géants, Loki fait partie des dieux depuis qu'il a conclu un pacte de fraternité avec Odin. Espiègle et astucieux, il entraîne les Ases dans des situations impossibles que lui seul peut dénouer, tout en se déconsidérant à leurs yeux.

Un dangereux conseiller

Lorsque les dieux Ases s'installèrent à Asgard, un géant forgeron se présenta et leur proposa de construire en trois semestres une citadelle si solide qu'aucun géant ne pourrait l'investir. Il demanda pour salaire la main de Freyja, le soleil et la lune. En l'absence de Thor, les Ases hésitaient, mais Loki les persuada d'accepter en posant une condition : que le géant finisse son chantier avant l'été et sans l'aide d'aucun homme ; en cas d'échec, il ne recevrait pas de récompense. Le géant accepta et se fit aider d'un cheval qui transportait sur son dos d'énormes pierres. Trois jours avant l'ultimatum, il ne lui restait plus qu'à poser la porte. Les dieux, paniqués, se retournèrent contre Loki qui promit d'arranger les choses.

Métamorphosé en jument

Le soir même, lorsque le forgeron partit chercher des pierres avec son cheval, une jument sortit du bois en hennissant. L'étalon s'élança à sa poursuite et disparut. Le malheureux forgeron n'avança pas d'un pouce. La même mésaventure se reproduisit les nuits suivantes. Le géant entra alors dans une colère terrible. Les dieux, effrayés, appelèrent Thor à la rescousse. Son marteau vola dans les airs et envoya le géant dans le Niflheim. Bien sûr, la mystérieuse jument n'était autre que Loki, qui, quelques mois plus tard, donna naissance à un cheval à huit membres, Sleipnir ! Odin en fit sa monture.

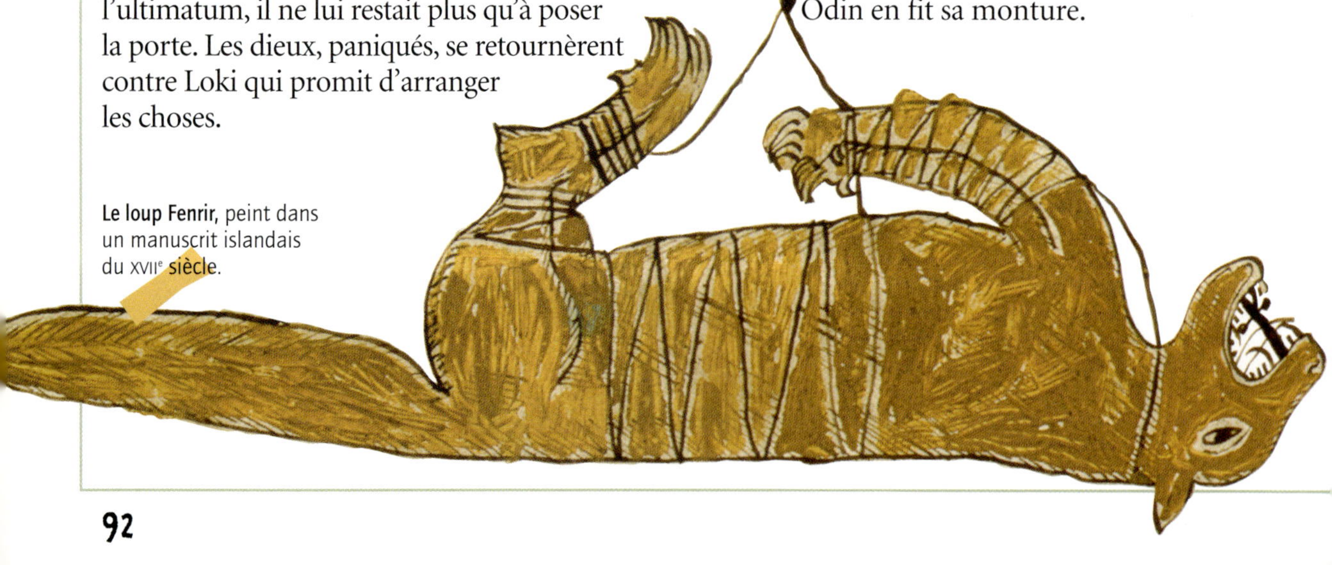

Le loup Fenrir, peint dans un manuscrit islandais du XVIIe siècle.

Loki et ses enfants monstrueux.

Une descendance monstrueuse

Tout en Loki fait scandale : son nom, qui reprend celui de sa mère et non celui de son père, et surtout sa descendance. Avec une géante, il a engendré trois monstres : le loup Fenrir, le serpent Jörmungand et la sinistre déesse Hel, mi-bleue mi-noire. Odin décide de les neutraliser. Il jette le serpent dans la Grande Mer ; le monstre entoure désormais Midgard en se mordant la queue. Puis il précipite Hel dans les brumes du Niflheim où, depuis, elle attire les morts. Mais il ramène le loup au royaume des dieux…

Tyr, le vaillant

Seul Tyr – le dieu du ciel et de la guerre que les Germains du Nord invoquaient lors du *thing*, l'assemblée des hommes libres – ose donner à manger au loup Fenrir. Mais celui-ci grandit très vite et se fait menaçant. Les Ases décident de l'attacher solidement. Le loup rompt une première corde, puis une chaîne. Odin demande alors aux Alfes clairs de fabriquer un lien indestructible. Les Alfes utilisent pour cela du bruit de pas de chats, de la barbe de femme, des racines de montagne, des tendons d'ours, du souffle de poisson et de la salive d'oiseau !

Aux prises avec Fenrir

On emmène alors le monstre sur un îlot, au centre d'un lac. Méfiant, Fenrir accepte de se laisser passer la corde autour du cou à condition qu'un dieu mette en gage une main dans sa gueule. Tyr se dévoue. Le loup s'arc-boute mais ne parvient pas à rompre le lien. Tous les dieux éclatent de rire, sauf Tyr qui y laisse sa main… Les Ases attachent ensuite la corde à une grande pierre plate sur laquelle on renverse un énorme rocher. Puis ils plantent une épée dans la gueule du loup. Il demeurera ainsi enchaîné jusqu'à la fin du monde.

La fin du monde

Les Germains ont imaginé la fin du monde qu'ils appelaient *Ragnarök*. Elle intervient après un combat effroyable qui oppose les dieux aux géants et aux monstres.

La fin du monde est précédée par un formidable hiver qui dure trois ans. Les hommes, devenus fous, s'entre-tuent. C'est alors que le loup Fenrir arrive à se détacher et avale le soleil, plongeant la terre dans l'obscurité.

Tout s'effondre : les montagnes, le pont Bifröst ainsi que les remparts de Jötunheim où étaient cantonnés les géants. Le serpent de Midgard provoque un raz de marée et libère un navire funeste, fait avec les ongles des morts.

À ce signal, Fenrir et tous les géants se lancent à l'assaut de la citadelle des dieux, Valhöll, et du monde des hommes. Loki est leur chef. Dans le camp adverse, tous les dieux participent au combat. Odin, très vite, se fait dévorer par

Influencé par l'Apocalypse ?

La fin du monde racontée dans deux manuscrits islandais, la *Völuspá* écrite vers l'an 1000 et l'*Edda* en prose de Snorri Sturluson (XIIIe siècle), rappelle étrangement celle de l'*Apocalypse* de saint Jean, le dernier livre du *Nouveau Testament* dans la *Bible*. Ce n'est sans doute pas un hasard car les Islandais de l'époque connaissaient bien toute la littérature médiévale chrétienne, avant même leur conversion au catholiscisme.

le loup Fenrir ; mais son fils Vidarr le venge et terrasse le monstre. Thor parvient à tuer le terrifiant serpent mais meurt, asphyxié par son souffle empoisonné. Freyr, ayant oublié de récupérer son épée chez son serviteur, succombe sous l'étreinte du géant du feu, Surtur, qui, en crachant des flammes, provoque un incendie gigantesque. Tous les dieux périssent alors et, de l'univers, il ne reste plus qu'une terre calcinée. Pourtant, après ce cataclysme, la terre resurgit de la mer, belle et fertile, et certains Ases ressuscitent. Des hommes renaissent aussi. Tous s'assemblent dans la plaine d'Ida et se remémorent le passé. Ils jouiront du bonheur jusqu'à la fin des temps.

Casque celte en bronze, or et émail (IVe siècle av. J.-C.).

Les Celtes

Ce peuple venu du Danube essaime en Europe vers le VIIe siècle av. J.-C. Il occupe en quelques siècles un immense territoire allant de la Hongrie à l'Espagne, en passant par la Gaule, sans oublier les îles de Grande-Bretagne et d'Irlande. Mais la conquête romaine mettra fin à son expansion à partir du IIe siècle av. J.-C. Seules l'Écosse et l'Irlande resteront celtes.

Des barbares raffinés

Les Celtes sont des guerriers. Ce sont même des " chasseurs de têtes " qui décapitent leurs ennemis morts. Le sanctuaire de Roquepertuse, au sud de la France, comprend ainsi trois piliers pourvus de niches pour recevoir des crânes. Mais les Celtes sont également d'excellents artisans. Chars, épées, fourreaux, casques, boucliers, chaudrons ou bijoux richement décorés de motifs géométriques, animaliers ou végétaux en témoignent. À mi-chemin entre réel et imaginaire, ces figures traduisent un goût pour les enchantements et les métamorphoses, dont parlent leurs mythes.

Peuples celtes ou sous domination celte.

Char celtibérique (VIIe-IVe siècle av. J.-C.).

La tête magique

Dans le sanctuaire d'Entremont, en Provence, on a retrouvé des sculptures figurant des têtes coupées. Les Celtes attribuaient à ces trophées guerriers des propriétés magiques. Ainsi, dans le *Cycle d'Ulster*, la tête tranchée de Conall Cernach - l'un des trois grands héros - rend-elle plus forts les guerriers qui boivent dedans.

Le mystère demeure

Quelles étaient les croyances des Celtes ? Les informations dont nous disposons ne se recoupant pas toujours, il est difficile d'avoir une vision globale de leur religion. Les archéologues ont découvert des sanctuaires et de nombreuses représentations de divinités et d'animaux sacrés ; les récits mythologiques irlandais et gallois, en Grande-Bretagne, présentent quant à eux les aventures de divinités et de héros locaux. Les autres témoignages enfin sont ceux d'auteurs grecs et latins : ils décrivent l'attitude des Celtes devant la mort, certaines pratiques rituelles, les sacrifices ou le rôle des druides. Mais leur vision est sans doute déformée par leurs préjugés à l'égard de ces " barbares ".

Les récits mythologiques celtes

Ils sont d'origine irlandaise ou galloise.
Les recueils irlandais ont été classés en cycles :
- le *Cycle mythologique* consacré aux divinités ;
- le *Cycle d'Ulster* relatant les exploits du roi Conchobar et des héros de la Branche Rouge ;
- le *Cycle de Finn* qui évoque les prouesses de Finn Mac Cumhaill et de son fils Oisín avec la troupe des Fiana (ou Fenians).

Les récits gallois sont plus rares. Les éléments les plus anciens (Xe et XIe siècles) se trouvent dans les *Quatre Branches du Mabinogi* et dans le *Conte de Kulhwch et Olwen*.

Dieu celte, d'origine gauloise.

Les premiers manuscrits

Le mystère qui entoure les croyances celtes vient du fait que ce peuple utilisait peu l'écriture. La transmission des connaissances se faisait oralement par les druides. Ces sages, tout à la fois historiens, juges, devins, bardes, conteurs et intermédiaires entre les divinités et la tribu, confiaient tout leur savoir à leurs disciples. Les récits des origines n'ont donc été mis par écrit qu'à partir du VIe siècle ap. J.-C., grâce à des moines copistes irlandais. Tous soulignent certains éléments : l'importance des rites liés à l'eau et du chiffre 3, le culte de la tête coupée, la signification religieuse des chaudrons, le grand nombre de divinités et le symbolisme de certains animaux.

Le *Cycle mythologique* raconte l'affrontement de deux clans divins pour la conquête de l'Irlande. Lug, jeune souverain des Túatha Dé Dánann, réussit à neutraliser le chef des Fomoire, Balor, en visant son œil unique et magique avec une fronde.

Des dieux innombrables

On a recensé plus de quatre cents noms de divinités celtiques ! Chaque tribu avait sans doute ses dieux protecteurs. Les Celtes imaginaient que leurs divinités formaient une société comme celle des humains, avec des rois et des nobles guerriers. Ils vouaient aussi un culte aux rivières, aux fontaines et aux arbres.

Les souverains des Túatha

Les dieux irlandais, appelés Túatha Dé Dánann, excellent dans tous les arts. Le **Dagda**, le dieu suprême, est compétent en tout. Il possède une énorme massue, dont une extrémité tue tandis que l'autre rend la vie, et un chaudron magique au contenu inépuisable.

Núadu est le roi mythique irlandais. Il a perdu un bras lors d'une bataille. Grâce à Díancécht, le dieu de la médecine, qui lui confectionne un bras d'argent, il peut rester au pouvoir quelque temps malgré la règle qui interdit à un roi infirme de régner.

Lug, dieu solaire, guerrier et magicien, lui succède. Il maîtrise tous les arts et toutes les techniques et possède une lance magique. Son équivalent gallois est Lleu Llaw Gyffes.

Les déesses de la guerre

Au nombre de trois, ces déesses irlandaises apparaissent dans le *Cycle d'Ulster* et se nomment Morrigan, Macha et Bodb. Elles harcèlent les armées et sèment la terreur par leur présence. Tout à la fois une et triples, elles peuvent se métamorphoser en corneilles.

Des talismans fabuleux

Les Túatha Dé Dánann possèdent quatre talismans :
- la pierre de Fál, ou pierre du destin, qui crie lorsqu'elle est touchée par celui qui doit être roi ;
- la lance de Lug, qui garantit la victoire ;
- l'épée de Núadu, à laquelle nul ne peut échapper ;
- le chaudron du Dagda, aux ressources inépuisables.

Angus Óg
Fils du Dagda, Angus est le dieu irlandais de la beauté, de la jeunesse, de la poésie et de la musique. Il possède une cape qui le rend invisible et protège tous les amants en péril. Le *Rêve d'Angus* raconte comment, un an durant, Angus vit en songe une jeune fille qui jouait de la harpe et pouvait se changer en cygne. Amoureux d'elle, il se mit à sa recherche et la reconnut au bord d'un lac parmi « trois fois cinquante cygnes blancs ». En la touchant, il se transforma lui aussi en oiseau et l'emmena vers son palais. Leurs ailes répandaient une musique si douce que tous ceux qui l'entendirent s'endormirent pendant trois jours et trois nuits.

Arawn, seigneur gallois de l'Autre Monde
Le roi des enfers possède des chiens de chasse aux oreilles rouges, couleur annonciatrice de la mort, et un chaudron magique redonnant la vie, trésor que convoitera le roi Arthur.

Les dieux de la mer
Le gallois Brán llyr est un géant ; il peut traverser à pied les eaux qui séparent la Grande-Bretagne de l'Irlande. Sa corne d'abondance fournit nourriture et boisson à volonté. Quant à lui, l'Irlandais Manannán mac Lir aide les Túatha dans les batailles en leur fournissant un cheval qui se déplace sur mer, une épée magique et un bateau qui obéit aux pensées du capitaine.

Epona
Protectrice des chevaux ainsi que des cavaliers, Epona occupe une place primordiale parmi les dieux gaulois. On la représente souvent en amazone sur une jument. Macha est son équivalent dans les mythes irlandais. Connaissant ses dons à la course, son mari la force à concourir contre les chevaux du roi. Bien qu'enceinte, elle gagne, mais meurt à l'arrivée après avoir donné naissance à des jumeaux. En rendant son dernier souffle, elle lance une malédiction : pendant neuf générations, les hommes de sa province, l'Ulster (au nord de l'Irlande), seront aussi faibles qu'une femme sur le point d'accoucher cinq jours et quatre nuits par an.

Les déesses-mères
Les Celtes adoraient plusieurs déesses-mères, toujours représentées par trois. Leur culte est confirmé par de nombreux bas-reliefs, où sont sculptées trois déesses de la fertilité tenant des cornes d'abondance, une corbeille de fruits ou parfois un nourrisson. Dans les mythes irlandais Brigit, fille du Dagda, et Medb, la souveraine mythique, remplissent en partie ce rôle. Leur équivalent dans les mythes gallois est Modron, la mère de Mabon, dieu de la chasse.

Des animaux sacrés

Les Celtes vénéraient certains animaux pour leurs qualités telles la rapidité ou l'ardeur au combat. D'ailleurs, dans les mythes, il n'existe pas vraiment de frontière entre le monde humain et le règne animal : héros et dieux se changent parfois en animaux enchantés.

Un dieu aux allures de cerf

Cernunnos est un dieu celte souvent représenté. Il possède un corps d'homme et une tête ornée de bois de cerf, signe de combativité et de fertilité (les andouillers tombent puis repoussent à chaque printemps). Un personnage du *Cycle de Finn* s'en rapproche. Il s'agit du fils de Finn, Oisín (le " faon "). Le héros s'éprend en effet d'une déesse-biche, Saeve, qui conçoit leur fils sous une forme humaine, mais le met au monde lorsqu'elle est à nouveau transformée en biche par un druide maléfique. Oisín pourra vivre en tant qu'homme si sa mère ne le lèche pas. La touffe de poils qu'il porte au front témoigne de la marque de tendresse que la biche ne put s'empêcher de lui donner…

Le cerf, un guide surnaturel

Le cerf peut avoir pour fonction de guider les héros vers l'Autre Monde, les enfers celtiques (*voir pp. 106-107*). Ainsi, au cours d'une chasse, Pwyll, un seigneur du pays de Galles, aperçoit-il une meute de chiens étranges qui poursuivent un cerf. Il les écarte et envoie ses propres limiers sur la trace de l'animal.

Un chasseur apparaît alors et lui reproche sa discourtoisie. C'est Arawn, le roi de l'Autre Monde. Pour que l'offense soit réparée, Arawn oblige Pwyll à régner à sa place pendant une année, au terme de laquelle il devra combattre Hafgan, son ennemi. Pwyll remporte la victoire, réunissant ainsi les deux provinces de l'Autre Monde pour le compte d'Arawn.

Entouré de taureaux, de loups et d'un dauphin, Cernunnos est le maître du bétail et de la faune sauvage.

Le sanglier, redoutable adversaire

Les Celtes vouaient un culte au sanglier pour sa puissance et son courage à se défendre. Le *Conte de Kulhwch et Olwen* raconte qu'un ancien roi avait été changé en sanglier destructeur, à cause de ses mauvaises actions. Son nom, difficilement prononçable, est Twrch Trwyth ! Le héros du récit, Kulhwch, doit accomplir une série de tâches très difficiles pour obtenir la main d'Olwen, sa bien-aimée. L'épreuve la plus périlleuse consiste à s'emparer des ciseaux, du rasoir et du peigne placés entre les oreilles du féroce sanglier. Pour y parvenir, Kulhwch doit se faire aider par Mabon le chasseur, qu'il libère de sa prison. Après une longue poursuite, le sanglier est vaincu et les jeunes gens se marient.

Suce ton pouce !

À l'âge de sept ans, Finn, le héros du *Cycle de Finn*, arrive chez le barde Finnegas. Celui-ci vient d'attraper le saumon qu'il tentait de capturer depuis sept ans. Il en confie la cuisson au jeune garçon, qui se brûle le pouce en touchant le poisson. En portant son doigt à la bouche, Finn hérite du don de sagesse et de connaissance que le saumon avait acquis en mangeant les fruits de neuf noisetiers dans l'Autre Monde. Il lui suffira désormais de sucer son pouce pour que toutes choses lui soient révélées.

Des taureaux pour héros

Le taureau occupe, lui aussi, une place de choix dans la mythologie celte. Un des mythes irlandais les plus célèbres met en scène le Taureau Brun de Cooley, en Ulster. C'est un animal doué d'intelligence humaine, si énorme, dit-on, que cinquante garçons peuvent jouer sur son échine… La reine de la province du Connaught, Maeve, décide un jour de s'en emparer pour être à égalité avec son époux, Ailill, qui possède un taureau à cornes blanches. Une guerre sanglante s'engage entre les deux provinces. Finalement, le Taureau Brun est emmené dans le Connaught pour y affronter son adversaire. Ils se combattent toute une journée et toute une nuit. Le Brun de Cooley finit par empaler le Blanc Cornu avant de mourir d'épuisement.

Des guerriers prodigieux

Il n'est pas étonnant que la mythologie d'un peuple guerrier contienne de nombreux récits d'invasions, de combats singuliers et d'exploits. Le *Cycle d'Ulster* et le *Cycle de Finn* retracent ainsi les prouesses de héros invincibles.

CúChulainn, le gardien

C'est, dit-on, le fils du dieu Lug et de Deichtine, une mortelle. Élevé par son père nourricier, Sualtam, il s'appelle d'abord Setanta. Pourquoi donc est-il connu sous le nom de CúChulainn ? Grâce à son premier exploit. À l'âge de sept ans, il arrive chez le forgeron Culann, qui possède un chien féroce, gardien du domaine. Menacé par le chien, le jeune garçon saisit l'animal par deux de ses pattes et le projette contre un menhir. À Culann, qui déplore la mort de son chien, Setanta promet de remplir le rôle de gardien, tâche qu'il assurera ensuite pour sa province, l'Ulster. Il acquiert ainsi son nom de héros, CúChulainn, qui signifie le "chien de Culann".

Dieu guerrier gaulois. Son bouclier est typique de l'équipement des guerriers celtes.

Un être surnaturel

Jeune homme, CúChulainn entend le druide Cathbad annoncer que celui qui combattra ce jour-là aura une vie brève mais glorieuse. Il demande aussitôt des armes au roi Conchobar. Juvénile et beau, CúChulainn se transforme en une sorte de monstre dès que la fureur guerrière le saisit. Son corps se convulse, sa bouche est si tordue qu'une tête d'homme pourrait y loger et du sommet de son crâne jaillit une colonne de sang noir. On dit même qu'il aurait sept pupilles à chaque œil, sept orteils et sept doigts ! Doué de pouvoirs surnaturels sur les animaux, il possède aussi des armes magiques, telle la *Gae Bolga*, une épée barbelée, cadeau de la druidesse guerrière Scathach qui l'a initié aux arts martiaux.

Le geis

Héros et rois sont soumis dès leur jeunesse à une série d'interdits ou *gessa*. Lorsqu'ils ne peuvent faire autrement que les transgresser, l'heure de leur mort est proche. Le *geis* peut aussi être une obligation à laquelle on ne peut se soustraire sans risquer le déshonneur.

Une mort héroïque

Malgré toutes ces qualités extraordinaires, CúChulainn est mortel. Sa fin survient sur la plaine de Muirtemne. Maeve, la reine ennemie, a envoyé sur son chemin trois sorcières qui font rôtir un chien et qui invitent le héros à partager ce mets. Or, CúChulainn a pour *geis* de ne jamais manger de chien ; mais, par ailleurs, il n'a pas le droit de refuser un repas offert. C'est le piège fatal : il doit transgresser l'interdit et se condamne ainsi à mort. Blessé au combat, il s'attache à un menhir pour mourir debout, tandis que la déesse de la guerre, sous la forme d'une corneille, vient se percher sur son épaule.

Finn Mac Cumhaill, le guerrier chasseur

Le héros du *Cycle de Finn* est très différent de CúChulainn. Il parcourt l'Irlande avec sa troupe, les Fiana, un corps d'élite qui fait régner l'ordre dans le pays. Finn, athlète superbe, excelle à la course et au saut. Il possède une lance qui ne manque jamais son but. C'est aussi un magicien doté du pouvoir de divination.

Le baptême du feu

Adolescent, Finn se rend pour la première fois à Tara, centre de la royauté mythique de l'Irlande. Le roi et sa suite attendent avec angoisse l'arrivée d'un être surnaturel malfaisant, Aillén, qui, chaque année, à la fête de Samhain (*voir p. 106*), vient mettre le feu au palais après avoir endormi les sentinelles au son d'une harpe magique. Finn propose de monter la garde. Il résiste au sortilège en appuyant la pointe de sa lance contre son front, la douleur le tenant éveillé. Puis, lorsque Aillén crache du feu, Finn l'éteint avec sa cape ; il tue ensuite le monstre et revient à Tara en brandissant sa tête coupée. Maintes fois, le héros sera en contact avec le surnaturel.

Dieux, amour et royauté

De nombreux mythes ont pour thème l'amour contrarié entre deux êtres surnaturels, ou entre un roi et une déesse.

Deirdre force le destin

Le *Cycle d'Ulster* contient l'histoire tragique de deux amants. Avant que Deirdre ne naisse, le druide Cathbad avait prédit qu'elle serait d'une beauté incomparable mais qu'elle causerait tourments et destruction au royaume d'Ulster. Le roi Conchobar, qui la destine à devenir son épouse, ordonne donc qu'on l'élève en secret. Un jour d'hiver, Deirdre voit un corbeau boire le sang d'un veau dépecé dans la neige. Elle déclare qu'elle pourrait aimer l'homme en qui ces trois couleurs seraient réunies : le noir, le rouge et le blanc. Cet homme existe : c'est Naoise qui, avec ses deux frères, compte parmi les plus valeureux guerriers d'Ulster. Deirdre ne tarde pas à le rencontrer. Elle lui fait des avances qu'il refuse, connaissant la prophétie. La jeune fille se précipite alors vers lui, l'attrape par les oreilles et le menace de déshonneur s'il ne l'emmène pas au loin. Leur destin est désormais uni par ce *geis* (*voir encadré p. 102*).

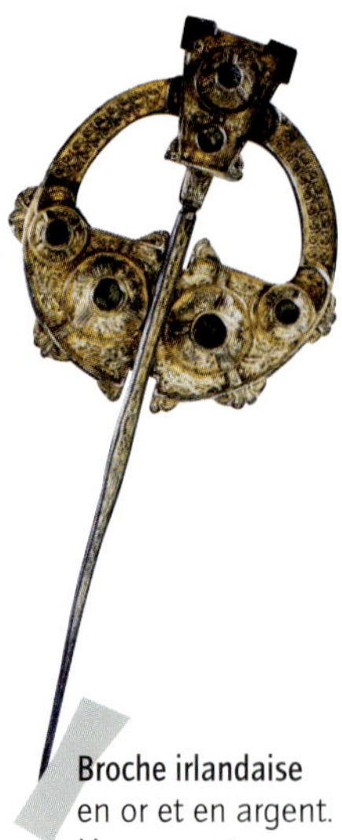

Broche irlandaise en or et en argent. Hommes et femmes portaient de tels bijoux.

La mort des amants

Traqués par les hommes de Conchobar, les amants entament une longue errance qui les conduit en Écosse où ils vivent heureux. Conchobar semble prêt finalement à leur pardonner et envoie un messager, Fergus, qui les persuade de revenir. Mais sur le chemin du retour, celui-ci les quitte, contraint de participer à plusieurs festins. Les exilés, à l'inverse, ne doivent accepter aucune invitation avant de revoir Conchobar. Ces *gessa* contradictoires présagent la catastrophe. À leur arrivée, Naoise et ses frères sont assassinés et Deirdre est livrée à Conchobar. Lorsqu'il apprend cela, Fergus, furieux de voir sa parole trahie, met le feu au palais et part en exil avec trois mille hommes et femmes. Il est accueilli à la cour de Maeve, d'où il harcèlera l'Ulster. Deirdre, inconsolable, se précipite contre un rocher et meurt. Dans une autre version, elle se donne la mort sur la tombe de Naoise.

Une union symbolique

Ces récits ne sont pas de simples histoires d'amour. Ils ont une portée symbolique : le pouvoir royal, pour être légitime, doit reposer sur l'union symbolique du souverain et d'une divinité.

Une longue disparition

Angus Óg vient à son secours et l'emmène dans une chambre de cristal, où elle retrouve forme humaine du crépuscule à l'aube. Jusqu'à ce que, de nouveau emportée dans les airs, elle tombe, sept ans plus tard, dans le hanap de la femme d'Etar, un guerrier de l'Ulster. Elle est avalée ! Il lui faudra attendre mille deux cents ans pour renaître…

Les métamorphoses d'Etaín

Dans le *Cycle mythologique*, le dieu Midir, père nourricier d'Angus Óg, tombe amoureux d'une jeune femme nommée Etaín et l'épouse. Furieuse, sa première femme, une habile magicienne du nom de Fuamnach, frappe Etaín avec sa baguette de sorbier et la transforme en… flaque d'eau. Celle-ci se dessèche et devient une larve qui se métamorphose en un beau papillon pourpre. Sous cette forme, Etaín accompagne partout son époux, bourdonnant pour l'endormir ou l'avertir d'un danger. Mais Fuamnach déclenche un vent magique qui emporte au loin la malheureuse pendant sept ans.

Un hanap est un vase à boire en métal, posé sur un pied et muni d'un couvercle.

L'enlèvement

Lorsque Midir la découvre enfin, Etaín a repris forme humaine et épousé le Haut Roi d'Irlande, Eochaid. Midir joue une partie d'échecs avec le souverain et gagne. Il demande pour récompense qu'Etaín lui donne un baiser à sa prochaine visite. Mais lorsqu'il revient, toutes les issues du palais sont fermées. Il apparaît alors dans toute sa splendeur au milieu d'un banquet et enlève Etaín. Contraint malgré tout de ramener la belle, Midir use d'un stratagème et présente au roi cinquante sosies d'Etaín. Eochaid croit reconnaître sa femme et choisit en fait la fille qu'il a eue avec elle. De cet inceste involontaire naîtra un roi légendaire, Conaire Mór.

L'Autre Monde

Tous les témoignages concordent : les Celtes croyaient en l'existence d'un Autre Monde et en une vie après la mort. Cette croyance était si forte que les guerriers ne craignaient pas de mourir au combat.

Hors de tous repères

Dans l'Autre Monde celte, espace et temps sont abolis. *Tir na nOg*, le pays de l'éternelle jeunesse des mythes irlandais – ou *Annwn* dans les récits gallois –, est souvent décrit comme une île bienheureuse où n'existent ni maladie, ni vieillesse, ni souffrance. Musique enchanteresse, fontaines aux délicieux breuvages, merveilleux chants d'oiseaux, pommiers couverts de fleurs et de fruits, femmes ravissantes y accueillent les humains. Certains s'y aventurent de leur vivant, à leurs risques et périls. Ainsi Oisín, entraîné au *Tir na nOg* par la belle Niamh aux cheveux d'or, y vécut quelques années de bonheur avant de revenir en Irlande. Mais dès que son pied toucha le sol irlandais, il vieillit de trois cents ans…

La fête de Samhain

Le 1er novembre marquait le début de l'hiver et de l'année celtique. Cette fête, associée aux morts et à l'Autre Monde, était un moment privilégié où le monde humain communiquait avec le Síd. Les frontières du temps et de l'espace étaient alors abolies. Cette fête est à l'origine d'Halloween.

Le Síd, un monde parallèle

Dans la mythologie celte, la frontière entre le monde visible et le monde surnaturel n'est pas étanche : les dieux se mêlent souvent aux humains. On raconte ainsi que le roi Conn, qui se promenait à l'aube sur les remparts de Tara, se trouva soudain enveloppé par une brume d'où surgit un cavalier. Celui-ci invita le roi et sa suite à l'accompagner. Après avoir traversé une plaine où se dressait un arbre d'or, ils arrivèrent dans une demeure où une jeune femme trônait sur un fauteuil de cristal (elle représente la souveraineté de l'Irlande). À ses pieds étaient posés une cuve d'argent, un vase et une coupe d'or. Le dieu Lug prédit alors à Conn le temps qu'il régnerait et la liste

de ses successeurs, dont les noms étaient gravés sur des baguettes d'if. Puis dieu et palais disparurent aussi subitement qu'ils étaient apparus. Conn trouva près de lui la cuve d'argent, le vase, la coupe d'or et les baguettes d'if. Il avait été attiré dans le Síd, ce monde parallèle au nôtre et habité par les divinités. Les mythes le situent en divers lieux : dans des îles lointaines à l'ouest de l'Irlande, sous la mer, au fond des lacs ou à l'intérieur de collines auxquelles on accède par de mystérieuses cavités.

Chaudron de Gundestrup.

Les chaudrons magiques

Chaque auberge de l'Autre Monde possédait son chaudron d'abondance et de renaissance. Selon un récit, les guerriers morts étaient jetés dans ces chaudrons magiques où ils restaient plongés toute une nuit. Le matin, ils se relevaient frais et dispos pour repartir au combat ! Mais ils avaient perdu la parole. On a retrouvé de nombreux chaudrons sacrés, le plus célèbre étant celui de Gundestrup, au Danemark.

Une vision dramatique

L'Autre Monde n'est cependant pas toujours décrit comme un paradis. Le récit de l'*Auberge de Da Derga* raconte ainsi comment le roi Conaire Mór, après un règne heureux, transgressa involontairement, l'un après l'autre, les interdits qu'il avait jusque-là respectés. On le montre en route vers une auberge, associée à l'au-delà. Sur le chemin, il rencontre trois sinistres cavaliers vêtus de rouge sur des chevaux de même couleur. Bodb, déesse des batailles et de la destruction, lui apparaît peu après sous la forme de trois sorcières ensanglantées, noires comme le corbeau, une corde autour du cou. Parvenu à l'auberge, Conaire Mór est aussitôt attaqué par des ennemis surnaturels qui assiègent et incendient le bâtiment. Par trois fois, Conaire Mór réussit à éteindre le feu mais, finalement, il meurt décapité.

11

Les Amériques

La conquête brutale du centre et du sud du continent américain par les Européens a provoqué la disparition soudaine de nombreuses mythologies. Les récits précolombiens que nous connaissons sont des rescapés, rapportés par des missionnaires ou reconstitués bien plus tard par des archéologues.

Au nord du continent, les peuples amérindiens et inuit, dispersés sur des territoires immenses et parfois difficiles d'accès, ont mieux résisté aux colons. Aujourd'hui, leurs héritiers transmettent encore aux jeunes générations les récits de leurs ancêtres qu'ils considèrent comme un trésor culturel.

Les peuples de l'Arctique

Les Inuit sont les derniers peuples nomades d'Asie à avoir franchi l'étroite bande de terre qui reliait ce continent à l'Amérique, il y a près de huit mille ans. Ils se sont installés le long des côtes arctiques, de la Sibérie au Groenland. Actuellement, leurs descendants représentent environ 120 000 personnes, disséminées en petits groupes sur plus de 25 000 km.

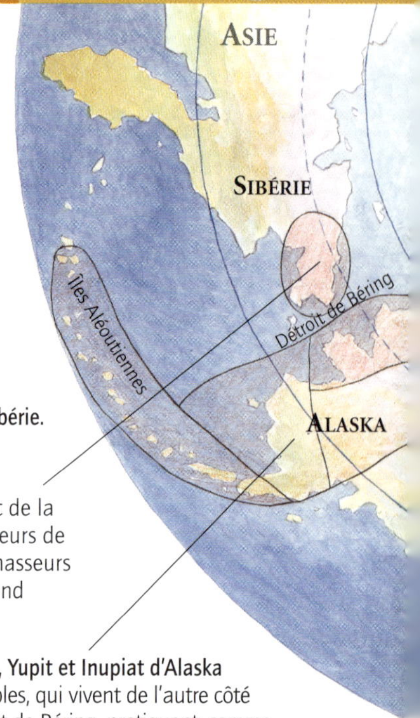

Cut de Sibérie.

Yupiget, Yuit et Cut de Sibérie
À la différence des Cut (extrême nord-est de la Sibérie), chez lesquels on trouve des éleveurs de rennes, les Yupiget et les Yuit sont des chasseurs de gibiers marins. Tous partagent un grand nombre de coutumes avec les Inuit.

Aléoutes, Yupit et Inupiat d'Alaska
Ces peuples, qui vivent de l'autre côté du détroit de Béring, pratiquent, comme les Inuit, la chasse aux grands mammifères marins - notamment la baleine et le morse. Ils confectionnent des masques rituels.

Inuit du Nord canadien
Au Canada, les populations inuit présentent d'importantes différences régionales. Au cours des années 1970, ces groupes se sont unis afin de réaliser un projet commun, en partie atteint en 1999 : la création d'un immense territoire autonome, le Nunavut.

Inupiat.

Aléoutes.

Inuit de l'île Victoria.

Mal nommés

Jusqu'au milieu du XXe siècle, les Européens appelèrent Esquimaux les peuples de l'Arctique, ce qui signifie " ceux qui parlent une langue étrangère ". Les premiers voyageurs avaient emprunté ce terme aux Amérindiens. Depuis les années 1970, les peuples de l'Arctique exigent qu'on les nomme Inuit (" êtres humains "), comme ils se désignent eux-mêmes.

Inuit de la Terre de Baffin.

Inuit du Québec.

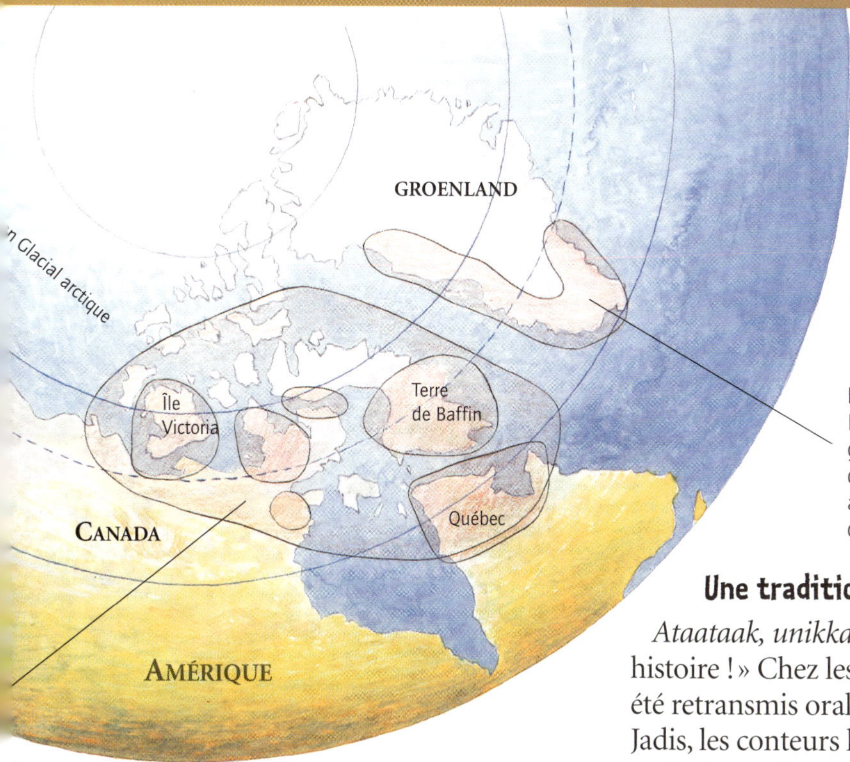

Groenlandais de l'Ouest.

Kalaallit du Groenland
Le terme de *Kalaallit* désigne les différents groupes inuit du Groenland qui disposent, depuis les années 1970, d'une certaine autonomie. Ils ont ainsi la possibilité d'affirmer leurs traditions culturelles.

D'anciens chasseurs nomades

Même si les Inuit d'aujourd'hui vivent pour la plupart dans de petites communautés sédentaires, il y a peu de temps encore, leurs ancêtres étaient nomades et bivouaquaient dans la toundra. Ils survivaient grâce à la chasse. C'est pourquoi leurs mythes traduisent les croyances d'un peuple de chasseurs itinérants. Et comme tous ces groupes vivent loin les uns des autres, chacun a fini par proposer sa propre version des grands mythes inuit ; les récits varient ainsi beaucoup d'une région à l'autre.

Une tradition orale

Ataataak, unikkaaqtualaurit : « Papa, raconte une histoire ! » Chez les Inuit, les mythes ont toujours été retransmis oralement d'une génération à l'autre. Jadis, les conteurs les récitaient sous l'igloo, le soir ou les jours de mauvais temps. Aujourd'hui, cela se passe le plus souvent à l'école. Avant de commencer, le conteur indique de qui il tient son histoire. Ses gestes et ses mimiques en disent presque autant que ses paroles ! Et comme ces récits sont généralement très longs, il choisit certains épisodes qui lui semblent, sur le moment, les plus appropriés. C'est pourquoi, pendant longtemps, les voyageurs européens ont eu du mal à comprendre la mythologie inuit, n'y voyant que des récits sans queue ni tête.

Le temps des origines

De nombreux mythes expliquent les origines des astres ou des hommes. Au tout début, l'univers était plongé dans la nuit. Mais peu à peu surgirent les grands esprits de l'univers, les *inuat* : le soleil, la lune, la mer, mais aussi certains animaux, tous à l'origine de l'état actuel du monde.

Et le jour apparut

Lors de ces temps reculés, les humains vivaient dans l'obscurité absolue. Comment sont donc nées les deux saisons qui dans le Grand Nord dure chacune six mois ? C'est ce que raconte le mythe du corbeau et du renard. Le corbeau, las de buter contre les falaises en rejoignant son nid, se serait exclamé : « Qu'il y ait de la lumière ! ». Ce à quoi le renard, qui ne chasse que la nuit, aurait répondu : « Non, qu'il n'y ait rien que de la nuit ! » La parole du corbeau étant la plus forte, c'est lui qui l'emporta. Ainsi naquirent la nuit polaire et l'été arctique !

La course éperdue du soleil

Un autre mythe explique la couleur du soleil couchant et sa course dans le ciel. L'esprit de la lune, connu sous le nom de Taqqiq, eut un jour la terrible idée de violer sa sœur Siqiniq, le soleil. Prise de rage, celle-ci se sectionna un sein et, s'emparant d'une torche, s'enfuit dans le ciel. Depuis, les deux astres se poursuivent, sans jamais se rencontrer.

L'homme fit la femme

Les deux premiers hommes de la Création, Aakulugjuusi et Uummaaniirtuq, seraient sortis de petites buttes de terre après un déluge. L'un aurait transformé l'autre en femme par un chant magique. Les esprits leur auraient enseigné ensuite les règles essentielles à respecter, telle l'interdiction de consommer des entrailles de phoque. Aujourd'hui, les Inuit associent parfois ces deux personnages aux figures bibliques d'Adam et d'Ève.

Les fils d'Uinigumasuittuq…

L'origine des humains est aussi expliquée par un épisode du mythe de l'esprit de la mer, appelé Uinigumasuittuq, ce qui signifie " celle qui ne voulait pas se marier ". Cet esprit-femme passait son temps à éconduire ses prétendants. Un soir, un bel étranger s'arrêta chez ses parents et Uinigumasuittuq en tomba amoureuse. Il devint son mari. Mais, au bout d'un certain temps, il reprit sa forme animale, car c'était en fait Siarnaq, leur chien ! Son père, furieux, les exila tous les deux sur une île. Uinigumasuittuq accoucha bientôt de créatures, mi-hommes, mi-chiens. Elle prit l'habitude d'envoyer son mari chercher de la nourriture chez son père. Jusqu'au jour où, excédé, celui-ci remplit le sac de terre. Sans rien soupçonner, le chien s'en retourna à la nage mais, à mi-chemin, coula.

Un *umiaq* est une barque collective.

… ancêtres de tous les hommes

Devant la détresse de sa fille, le père se résigna à lui apporter de la nourriture en kayak. Mais les petits chiots affamés grignotèrent un jour la peau de son embarcation. Le vieil homme dut attendre la marée basse pour rentrer chez lui et prit la décision de ne plus jamais retourner les voir. Réduite à la famine, Uinigumasuittuq fabriqua alors des *umiaq* à partir d'une vieille semelle de botte. Elle y plaça ses rejetons et les envoya au loin. Le premier groupe disparut dans le brouillard. L'*umiaq* se transforma en bateau à voile et ses occupants devinrent les *Qallunaat* (les Blancs). Le second groupe fut envoyé vers le sud-ouest où les chiots, munis d'arcs et de flèches, se transformèrent en *Allait* (les Amérindiens). Le troisième groupe fut envoyé vers le nord-ouest et ses occupants devinrent les ancêtres des Inuit. Les occupants du quatrième groupe ne partirent pas loin et se cachèrent ; ils se transformèrent en *Ijirait*, ces esprits invisibles de la toundra qui prennent la forme de caribous.

Et le gibier fut

Longtemps, la survie des Inuit dépendit entièrement de la faune qui leur fournissait de quoi se nourrir, se chauffer et se vêtir. Ces animaux précieux furent engendrés par des esprits-femmes aux premiers temps de la Création.

Erreur de fabrication

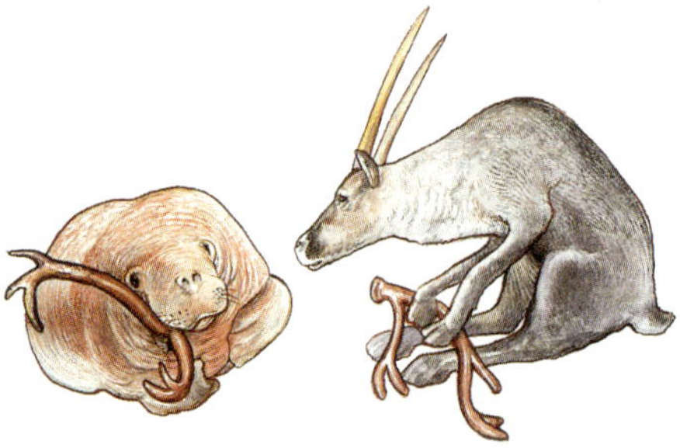

Un mythe explique comment, au cours d'une famine, l'esprit du caribou, Tikitsirtuq, porta ses bottes sur la montagne et les transforma en caribous par un chant magique. Les animaux se dispersèrent partout dans le pays. Cette femme jeta ensuite sa culotte dans la mer et celle-ci se transforma en de nombreux morses. Malheureusement le premier caribou avait de grandes canines tandis que le premier morse portait de longs bois ! Comme cela était dangereux pour les chasseurs, les deux animaux acceptèrent aimablement d'échanger leurs défenses.

Un gibier consentant

Tous les mythes rappellent aux hommes leur profonde parenté avec les animaux. Car pour les Inuit, si l'animal n'a pas de nom (*atiq*), il possède en revanche, comme lui, une " conscience " et une âme (*tarniq*), de sorte qu'il éprouve des sentiments et qu'on peut lui parler. Sans son consentement, il est impossible de le capturer. Et s'il est légitime de le tuer pour se nourrir, il est interdit de le faire souffrir ou de se moquer de lui.

Esprit-phoque.

Les créatures de la mer

Le gibier marin (phoques, cétacés) a une importance capitale pour la plupart des groupes inuit. Un épisode du mythe de l'esprit de la mer, Uinigumasuittuq, raconte son origine. Victime d'une nouvelle illusion, Uinigumasuittuq épousa cette fois un pétrel. Un jour, alors qu'elle tentait de fuir cet horrible personnage avec son père, venu la sauver, l'oiseau poursuivit leur embarcation en agitant ses ailes pour les faire chavirer. Pris de panique, le père jeta sa fille à l'eau. Comme elle s'agrippait aux rebords du kayak, il la frappa à coups de pagaie et lui sectionna les phalanges avec son couteau… Au contact de l'eau, chaque phalange se transforma en un mammifère marin.

La grande-là-en-bas

Uinigumasuittuq disparut dans l'eau et installa sa demeure au fond de la mer. C'est ainsi qu'elle devint Kannaaluk (“ la grande-là-en-bas ”). Mais privée de ses doigts, elle était désormais incapable de se coiffer et ses cheveux s'emmêlaient régulièrement. Les mammifères marins y restaient captifs comme dans un filet et les Inuit souffraient alors de la faim. Seuls de puissants sorciers, les chamans, pouvaient descendre au fond de la mer la coiffer et libérer ainsi le gibier.

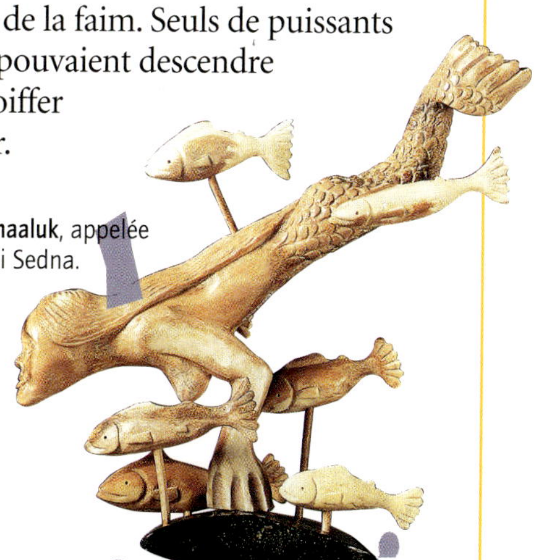

Kannaaluk, appelée aussi Sedna.

Pas si commodes !

Tikitsirtuq et Kannaaluk exigent qu'on leur fasse des offrandes avant la chasse et que l'on respecte ensuite des règles très précises. Kannaaluk est particulièrement susceptible. Quiconque a le malheur de mélanger les dépouilles de ses créatures à celles d'animaux terrestres provoque sa colère. Elle retient alors les phoques dans sa demeure ou déclenche une tempête.

Esprits et chamans

Chaman invoquant les esprits avec son tambour.

Pour ne pas offenser les multiples esprits de l'univers, pour s'en protéger et communiquer avec eux, les hommes ont besoin d'un intermédiaire. C'est le rôle du chaman. Selon les mythes, tant que ce personnage indispensable mais redouté n'était pas apparu, les hommes menaient une vie misérable.

Le premier chaman

Nombre de récits rappellent l'origine des chamans et des premiers rituels. Voici l'un d'eux. Alors que sévissait la famine, un homme décida de se cacher sous une peau de bête et de voyager au pays de l'esprit de la mer, Kannaaluk. Personne ne comprit ce qu'il fit, mais il rapporta de la viande et tout rentra dans l'ordre. Les hommes surent alors que pour obtenir du gibier, il fallait respecter les grands esprits et leur parler. Depuis, les Inuit suivent leurs chamans et, avec eux, un nombre astronomique de règles et d'interdits destinés à satisfaire les esprits.

Gare aux tupilai !

Ces esprits errants ne peuvent trouver repos dans l'au-delà et sèment la maladie chez les vivants. Pour s'en débarrasser, les chamans s'armaient autrefois de fouets fabriqués avec des pénis d'ours polaire.

Ne vous fiez pas aux esprits !

Les jeunes chamans doivent apprendre à entrer en contact avec les esprits, tout particulièrement les *tuunrgait* qui, une fois “ apprivoisés ”, les aident dans leurs tâches. Dans un premier temps, il leur faut tout simplement s'entraîner à les reconnaître, car les *tuunrgait* prennent toutes sortes de formes : ils apparaissent comme des ombres ou sous l'apparence d'animaux, d'objets ou de matériaux. Les apprentis s'entraînent ensuite à les contrôler, car ces intermédiaires privilégiés s'avèrent peu dociles et souvent dangereux ; certains élèves se sont d'ailleurs fait attaquer et dévorer par eux !

L'esprit cannibale

Le mythe de Kiviuq, très célèbre de l'Alaska au Groenland, raconte les aventures d'un orphelin. Il décrit, entre autres, comment le héros dut affronter un esprit cannibale. Naufragé, Kiviuq découvre le long de la côte une maison. Il s'en approche. Une femme l'invite aussitôt à entrer et à faire sécher ses vêtements mouillés. Il enlève donc ses *kamik* et les lui tend. Tandis qu'il se repose, une fourchette à viande surgit soudain de dessous la banquette et commence à le frapper. Il tente alors de se rhabiller mais ses vêtements s'élèvent dans les airs. Et lorsqu'il demande à la femme de les lui donner, celle-ci répond : « Tu peux sûrement t'étirer pour les décrocher ! » Kiviuq comprend qu'il s'agit en fait d'un esprit et se met donc à réciter une prière magique : « Ours, ours, arrive et mange cette femme ! » Il entend bientôt un ours entrer dans la maison et demande à nouveau : « Donne-moi mes *kamik* ! » La femme refuse jusqu'à ce qu'elle perçoive le grognement de l'animal dans le couloir. Rhabillé, Kiviuq se précipite vers son kayak. Au moment où il s'éloigne du bord, la femme lui crie : « Avec ce couteau qui est mien, peu s'en fallut que je ne te taille en pièces ! »

Des monstres à foison

Outre les innombrables esprits d'apparence humaine, les mythes mettent en scène de nombreuses créatures monstrueuses : les *inugarulligait*, des nains bagarreurs qui s'ajustent à la taille de leur adversaire et les maltraitent ; les *narajait*, des esprits gloutons et voraces et les *qallupiluit*, sortes d'ogres qui kidnappent les enfants. Les *tallilajuit*, créés par l'esprit de la mer, sont quant à eux des petits poissons munis de bras minuscules qu'on trouve sur le rivage, à marée basse. Il ne faut surtout pas leur faire de mal car ils peuvent aider les naufragés. Pour les Inuit, aujourd'hui encore, tous ces esprits font partie de la réalité.

Narajait

Qallupiluit

Inugarulligait

Tallilajuit

Sous haute surveillance

Gare à celui qui ne respecte pas les esprits ou le code traditionnel de la chasse. Il risque de périr ou de provoquer la fin du monde !

Les esprits veillent

Les hommes qui ne respectent pas les animaux sont punis par les grands esprits de l'univers. On raconte qu'un homme est décédé dans un incendie pour avoir brûlé vif un chien errant, qu'un autre est mort dans des souffrances atroces après avoir découpé le naseau d'un caribou. Les aînés ne manquent pas de prévenir les plus jeunes : « Si vous vous moquez d'un animal, vous, vos enfants ou vos petits-enfants risquez d'en subir les conséquences. »

Rien de tel que de changer de peau

Le mythe d'Arnaaqtaaqtuq, répandu dans tout l'Arctique, enseigne à sa façon comment il convient de chasser. C'est l'histoire d'un avorton humain que sa mère donne en cachette à manger aux chiens. Son âme passe de l'estomac du chien qui l'a dévoré au fœtus d'un phoque, puis à celui d'un loup, d'un caribou, d'un morse et d'un ours. Il voyage ainsi à travers tous les animaux du Grand Nord. Le conteur explique par ce moyen les rites de chasse que les humains doivent respecter, en adoptant chaque fois le point de vue de l'animal. Il décrit par exemple comment un bon chasseur doit se poster sur la glace, devant le trou de respiration du phoque, le harponner d'un coup sec (afin qu'il soit indolore) et donner ensuite à boire à sa dépouille en rejetant une partie du corps à la mer. À la fin de cette longue chaîne de transformations, l'esprit de l'avorton réintègre une forme humaine. Il y gagne un nom, Aumarjuaq, et devient un grand chasseur, au fait de toutes les coutumes.

Les œufs, c'est sacré

Les Inuit craignent tout particulièrement les nombreuses punitions que Silaap (ou Naarjuk), l'esprit de l'air, du vent et de l'atmosphère, peut administrer à tous ceux qui ne le respectent pas. Ce grand esprit de l'univers, dont le nom signifie " la raison humaine ", veille scrupuleusement à l'ordre des choses. Il dépose dans la toundra des œufs, les *silaksait*, à moitié enfouis dans le sol. De la taille de ceux d'une oie, on les reconnaît à ce qu'ils n'ont jamais de duvet autour d'eux. Les Inuit affirment que ces œufs donnent naissance à des créatures de taille géante (des *silaat*), qui peuvent prendre la forme de caribous albinos, d'ours polaires, de morses ou même de phoques. Si, par malheur, un humain brise leur coquille, Silaap provoque une violente tempête.

Des aurores sanglantes

Nombre de récits racontent aussi comment les aurores boréales (*aqsait*), qui représentent les esprits des ancêtres défunts, surveillent les vivants. Lorsque ces esprits apparaissent dans le ciel, on dit qu'ils jouent au ballon avec la tête d'un morse ou d'un bœuf musqué ; ils sont alors très sensibles aux sifflements des humains et il ne faut pas les déranger. Un mythe raconte comment un jeune chasseur refusa de respecter la consigne et se fit tout simplement… décapiter.

Des noms renversants

Chez les Inuit, les noms se transmettent d'une génération à l'autre. Le nouveau-né qui hérite du nom d'un grand-parent défunt hérite aussi de ses qualités. Ce dernier vit en quelque sorte à travers lui. C'est pourquoi l'enfant doit être appelé " maman " par un de ses parents s'il a reçu le nom de sa mère ou " papa " s'il a reçu celui de son père !

Chez les Amérindiens

Hochet de chaman.

Arrivés d'Asie il y a au moins 14 000 ans, les Amérindiens ont peuplé l'Amérique du Nord en suivant le déplacement des grands gibiers. Durant des millénaires, ils se sont transmis oralement des mythes qui reflétaient leur quotidien et leurs croyances spirituelles. L'arrivée des Européens aux XVe et XVIe siècles a soudain bouleversé leur mode de vie.

Une autre vision de la nature

Depuis toujours, les Amérindiens considèrent que tout être vivant est doté d'un esprit. Les animaux sont ainsi capables de parler, d'agir et même de penser comme les humains. Lorsqu'un animal se fait tuer, c'est qu'il a accepté de s'offrir. Pour attraper ses proies, le chasseur devait donc autrefois faire preuve d'une attitude respectueuse, ne pas les faire souffrir et suivre de nombreuses règles. Sinon, il provoquait la colère des grands esprits, les maîtres des animaux, et la famine menaçait les hommes. Cet ensemble de croyances est appelé chamanisme. En effet, certains individus, les « chamans », savaient comment intervenir auprès de ces forces surnaturelles lorsque survenait un drame. Par le biais du rêve, ils voyageaient, dit-on, dans le monde invisible des esprits.

La côte Ouest
Les peuples qui vivaient sur la côte pacifique – *Kwakiutl*, *Salish*, *Tlingit*, *Tsimshian* et *Haïda* – pratiquaient tous la pêche, la chasse et la cueillette l'été. Bien que parlant des langues très différentes, ils partageaient la tradition des totems, ces énormes poteaux en cèdre sur lesquels on sculptait les armoiries de la famille ou les ancêtres du clan.

Le Plateau et le Grand Bassin
Cette région montagneuse et forestière autour du fleuve Columbia abritait de petites tribus vivant de la chasse et du saumon. *Thompson*, *Nez-Percés* et *Shuswap* sont très tôt entrés en contact avec les colons français à qui ils ont emprunté de nombreux récits. Plus au sud, la région désertique du Grand Bassin était occupée par des chasseurs-cueilleurs nomades : les *Shoshone* et les *Paiute*.

La Californie
Cette petite zone était peuplée de tribus pacifiques pratiquant la chasse, la pêche et la vannerie, mais aux traditions et aux langues très différentes : les *Yuki*, les *Chumash*, les *Yurok* et les *Cahuilla*.

Des traditions toujours vivantes

Avec l'arrivée des colons européens, les Amérindiens ont dû changer de mode de vie. S'ils se sont convertis au christianisme, la plupart n'ont pourtant pas renié le chamanisme de leurs ancêtres. Cette religion a beaucoup évolué mais elle n'a pas disparu. De même, les mythes se sont transformés, intégrant quelquefois des personnages comme le Dieu chrétien ou le diable.

Une grande diversité

Il n'existe pas une mais plusieurs mythologies amérindiennes en raison de l'incroyable diversité de ces peuples. Leur langue, leur mode de vie et leur organisation sociale varient parfois beaucoup d'un groupe à l'autre.
Par commodité, on a pris l'habitude de diviser le continent en plusieurs régions culturelles, bien que chacune de ces zones soit elle-même très contrastée (*carte ci-contre*).

Le Subarctique
Les peuples du Subarctique vivaient dans la forêt boréale ou la toundra. Il s'agissait surtout de chasseurs, nomades ou sédentaires. On distingue deux grandes familles : les *Algonquin* (avec entre autres les *Innu*, les *Cree*, les *Ojibwa*) et les *Athaspaskan*.

Le Nord-Est et le Sud-Est
Les *Wendat* (ou *Hurons*) et les *Mowak* (*Iroquois*) formaient les deux principaux groupes qui vivaient entre les rives du fleuve Mississippi et l'océan Atlantique. Ils développèrent la tradition des *wampun*, des ceintures de perles qu'on échangeait pour marquer un événement important.

Plaines et prairies
Les Plaines courent sur 1 500 km entre le Mississippi et les montagnes Rocheuses. On y trouvait des nations aux traditions très différentes qui chassaient toutes le bison : *Blackfeet* et *Cheyennes*, *Comanches* et surtout *Sioux*, connus pour leur résistance farouche face aux colons.

Le Sud-Ouest
Arizona et Nouveau-Mexique offrent des terres arides, voire désertiques. Les Amérindiens de cette zone ont beaucoup emprunté aux traditions espagnoles et mexicaines. Certains cultivaient le maïs comme les *Pueblo* (*Hopi* et *Zuni*) ; d'autres, comme les *Navajos* et les *Apaches*, étaient des chasseurs-cueilleurs.

Des animaux créateurs

D'innombrables mythes amérindiens racontent la naissance du monde. La plupart disent qu'alors la nuit régnait sur la terre, plongée dans une sorte de néant. Jusqu'à ce que des esprits-animaux, fort ingénieux, interviennent…

La toute première île

Un récit wendat (huron) relate qu'un jour, une jeune femme enceinte, nommée Aataensic, creusait un trou au pied d'un arbre, à la recherche de racines ; elle y tomba par inadvertance. La terre où elle se trouvait étant située au-delà du ciel, Aataensic fit une chute vertigineuse. Deux grandes oies sauvages la sauvèrent avant qu'elle ne tombe dans l'océan. Elles demandèrent de l'aide à Grande Tortue qui convoqua tous les animaux aquatiques. Aux plus valeureux, tels la loutre, le rat musqué et le castor, elle demanda de lui rapporter quelques grains de terre des profondeurs de l'océan. Ces animaux plongèrent mais revinrent tous bredouilles et, épuisés, rendirent l'âme. C'est alors qu'un vieux crapaud plongea à son tour et refit surface avec un peu de terre dans la gueule. Il la déposa sur le dos de Grande Tortue. Aussitôt, ce bout de terre grandit, grandit et devint une île verdoyante. Aataensic s'y établit et donna naissance à des jumeaux. Les Wendat, leurs descendants, appelèrent l'île Wendake.

Amulette en forme de tortue.

Petite Tortue a des lumières

Cet univers était cependant toujours dans les ténèbres. Les animaux du grand conseil décidèrent de créer une source de lumière. Petite Tortue eut une idée ingénieuse. Elle saisit de grands éclairs et fabriqua un feu qu'elle fixa dans le ciel : le soleil était né. Le grand conseil voulut alors donner un mouvement à cet astre ; il demanda à la tortue de creuser un trou dans l'île, de sorte que le soleil puisse la traverser et effectuer un tour complet autour de la terre. Dorénavant, le jour succédait à la nuit. Toutefois, comme la nuit lui semblait encore trop sombre, Petite Tortue donna une compagne au soleil en créant la lune. C'est de ce couple que toutes les étoiles sont nées.

Frères ennemis

Quelquefois, les créateurs ont figure humaine. Les Wendat affirment ainsi que les jumeaux d'Aataensic participèrent à la Création. Le premier, bon et généreux, créa les lacs, les rivières, les animaux, le maïs et apprit même aux humains à faire le feu. Mais le second, particulièrement méchant, répliqua en créant de multiples créatures mauvaises et dangereuses.

Grand Corbeau invente les étoiles...

Selon des mythes de la côte Ouest, le créateur de l'univers serait le corbeau, d'où la présence de cet oiseau sur de nombreux totems. Les Haïda racontent par exemple comment cet animal vola la lumière à un vieillard qui la tenait jusque-là enfermée dans une boîte. Le corbeau l'éparpilla partout dans le ciel, créant ainsi les étoiles.

Les Amérindiens de la côte Ouest pensent que le corbeau peut se transformer en humain ou en serpent. Aussi le masque qui le représente a-t-il, fermé, l'apparence d'un corbeau ; mais ouvert, il laisse apparaître la tête d'un serpent ou celle d'un homme.

... et les hommes

Un jour que Grand Corbeau s'ennuyait sur une plage, il transforma en êtres humains de minuscules créatures qui couraient sur le rivage. D'une voix persuasive, il les invita à quitter la palourde dans laquelle ils s'étaient réfugiés. Emportés par leur curiosité, une foule de petits êtres à deux jambes et aux cheveux bruns firent leur apparition. Découvrant que toutes ces créatures étaient masculines, une autre idée vint à Grand Corbeau. Il en fit monter quelques-unes sur son dos et les transporta sur une île voisine. Là, il saisit de gros mollusques de couleur rouge et les lança sur leur bas-ventre. Leur corps se transforma. Les femmes étaient nées !

Les grandes forces de l'univers

Les mythes rappellent qu'à l'aube des temps, les grandes forces naturelles – le soleil, le tonnerre, la pluie, les vents – pouvaient communiquer avec les humains, leur venir en aide et, au besoin, prendre leur apparence. Pour les Amérindiens, ces forces sont de grands esprits.

Chez les Navajos, les vents étaient considérés comme des esprits messagers, tandis que pour les Tsimshian, les quatre vents principaux représentaient les grands chefs postés aux quatre coins de l'univers.

Oiseau-Tonnerre

L'esprit du tonnerre était honoré tant par les Amérindiens des Plaines que par ceux de la côte pacifique ou du Nord-Est. Tous le représentaient sous la forme d'un aigle géant. Ses yeux lançaient, dit-on, des éclairs et le battement de ses ailes bruissait comme le tonnerre. Généralement, cet esprit était bienveillant : il sauvait le clan de catastrophes naturelles ou d'une défaite, protégeait les enfants, etc. Dans plusieurs sociétés amérindiennes de la côte Est, on s'adresse d'ailleurs à lui comme à un grand-père. En revanche, il était conseillé de ne pas le déranger dans son repaire, en haut des montagnes, car sa colère était alors terrible !

La danse du soleil

Pour un grand nombre d'Amérindiens, le soleil est longtemps demeuré l'une des forces naturelles les plus vénérées. Plusieurs groupes le considéraient comme le créateur de l'univers et un symbole de régénération. Les Amérindiens des Plaines et du Plateau, comme les Sioux et les Cheyennes, pratiquaient pour l'honorer une danse circulaire : plusieurs jours durant, ils tournaient autour d'un mât dressé en son honneur, symbolisant l'arbre de l'univers. Les danseurs subissaient alors des épreuves sanglantes, gages de santé, de clairvoyance et de bienveillance.

Une baleine tombée du ciel

Un mythe kwakiutl raconte comment Oiseau-Tonnerre sauva leur peuple de la famine. Depuis des semaines, pluie et grêle ravageaient leurs terres. Les grêlons étaient si gros que les hommes ne pouvaient plus sortir pêcher en mer. Ils survivaient en se nourrissant de racines, mais bientôt ils n'eurent plus rien à se mettre sous la dent. Les enfants mouraient de faim. Le peuple kwakiutl se sentit abandonné par les esprits. Son chef lui dit pourtant de ne pas désespérer et implora une fois encore le Grand-Esprit. Tout le monde attendait anxieusement un signe quand, soudain, des éclairs zébrèrent l'obscurité. À l'horizon, au-dessus de la mer, la silhouette d'un immense oiseau apparut. Lorsqu' il fut au-dessus d'eux, tous virent qu'il tenait dans ses serres une énorme baleine. Il descendit la poser délicatement puis regagna le ciel en furie. Désormais, les Kwakiutl avaient de quoi survivre.

Des éclairs plein la tête

Chez les Sioux, rêver d'Oiseau-Tonnerre, se mettre à trembler dès le premier éclair ou être d'humeur instable était un signe : l'enfant qui présentait de tels symptômes était prédestiné à être un *heyoka*, une sorte de clown sacré. Ces personnages étaient sollicités par la tribu pour réaliser des guérisons ou interpréter les rêves envoyés par les esprits.

Messager de l'au-delà

Une autre fois, dit un mythe kwakiutl, Oiseau-Tonnerre aida un ancêtre qui ne parvenait pas à soulever de lourdes poutres de bois. L'oiseau saisit les poutres dans ses serres et les transporta à l'endroit voulu. Puis il ôta sa parure de plumes et prit forme humaine pour avertir son protégé : « Désormais, le tonnerre et les éclairs ne se produiront que lorsqu'un humain de ce clan mourra. » Depuis ce jour, le tonnerre est interprété par ce peuple comme un présage de mort.

Comment naissent les coutumes

Un grand nombre de mythes amérindiens expliquent l'origine des inventions humaines et des coutumes. Beaucoup racontent en détail d'où viennent le feu, le tabac, le maïs ou certains outils et techniques de chasse. Voici l'origine sacrée de deux objets rituels très importants.

Le calumet, don du Grand-Esprit

Originaire d'Amérique du Nord, le tabac était un produit essentiel pour communiquer avec les esprits.
Les Amérindiens des Plaines fumaient la pipe au cours d'un grand nombre de rituels, entre autres avant la chasse au bison. Plusieurs traditions expliquent donc l'origine des fameux calumets. Un récit sioux raconte qu'en des temps anciens, le Grand-Esprit vint à la rencontre de ce peuple sous la forme d'un oiseau. Celui-ci convoqua toutes les tribus et, brisant un morceau de pierre rouge, en fit une pipe et la fuma. Devant toute l'assemblée réunie, il confia qu'elle était faite de sa propre chair pétrifiée et qu'eux-mêmes étaient nés de cette roche. Ils devaient dorénavant s'en fabriquer une et fumer en son honneur. Depuis, les calumets sioux sont toujours taillés dans cette pierre, appelée catlinite.

Femme-Bison joue les intermédiaires

Selon une autre tradition sioux, un messager du Grand-Esprit, Aigle-Chauve, sauva il y a très longtemps une belle jeune fille du déluge et la déposa sur un arbre au sommet d'une montagne.
Quelque temps plus tard, celle-ci mit au monde des jumeaux, dont le père était l'aigle.
Ce sont les ancêtres des Lakota. Au fil du temps, leurs descendants se conduisirent de plus en plus mal. Grand-Esprit décida alors d'envoyer sa fille, Wohpe, pour les remettre dans le droit chemin.
L'esprit prit la forme d'une bisonne blanche et remit au chef des Lakota un paquet qui contenait le premier calumet. Wohpe leur enseigna les sept grands rituels sioux puis disparut, promettant de revenir lorsqu'ils auraient de nouveau besoin d'elle.

Sac à pipes sioux.

Qui eut l'idée des wampun ?

Chez les Iroquois, plusieurs récits expliquent l'origine des célèbres ceintures de perles rituelles, les *wampun*. L'un des plus connus est un mythe sénéca.
Ce peuple venait de subir une lourde défaite militaire. Un sage, nommé Deganawida, convoqua alors tous les guerriers et demanda à son fils de partir à la rencontre des autres tribus iroquoises pour leur demander leur aide. Hiawatha obéit.
Au cours de son voyage, il tenta de préparer son discours.
Pour mettre son esprit en ordre, il eut l'idée de ramasser quelques petits coquillages blancs, de les enfiler sur une lanière et de considérer que chaque coquillage était le symbole d'une pensée.
Lorsqu'il arriva à destination, les autres tribus furent impressionnées par son éloquence.
Ce fut un triomphe et Hiawatha revint chez son père après avoir obtenu l'assistance militaire de toutes les tribus iroquoises. Dès lors, il fut décidé que tout message s'accompagnerait de la confection et de l'échange de *wampun*.

Pas d'esprit sans feu

Les Amérindiens utilisaient le tabac pour faire des offrandes, chasser les mauvais esprits, arrêter le tonnerre ou les tempêtes ou pour effectuer une guérison. Certains chamans s'en servaient également pour entrer en communication avec les esprits. Un mythe wendat (région des Grands Lacs) donne l'origine de ces usages : un père qui venait de perdre sa fille se trouva un jour face à un faucon blessé. Chaque fois qu'il s'en approchait, le rapace se mettait à brûler. Intrigué, l'homme s'avança et aperçut le visage de sa fille dans l'une des flammes. Celle-ci lui aurait alors enseigné l'art d'utiliser le tabac.

Wampun en perles de verre, tribu Abnaki (Nord-Est), 1916.

À l'écoute des ancêtres

Dans plusieurs sociétés, les ancêtres défunts enseignent aux vivants les règles permettant de préserver l'harmonie du monde. Ces êtres clairvoyants sont capables de se transformer en animaux, en astres ou en humains et disposent de grands pouvoirs. L'histoire qui suit montre qu'on a tout intérêt à les respecter !

Un couple vivait sans histoires dans les bois, nous dit un mythe séneca (tribu iroquoise). Un jour, tandis que son mari chassait, la femme se blessa en cuisinant. Pour soulager sa douleur, elle suça son doigt. Et, si étrange que cela puisse paraître, elle prit goût à son sang. À l'aide d'un couteau, elle s'entailla et mangea sa propre chair. Effrayée, elle ordonna à son chien de prévenir son mari et de l'engager à fuir. Le chien partit rejoindre son maître et tous deux filèrent jusqu'à la rivière où vivait un vieil homme. « Grand-père, le supplia-t-il, fais-moi traverser, ma femme veut me dévorer. » Le vieillard lui demanda de ramener tout d'abord des poissons

Les ancêtres se manifestent

Chez les Hopi, les ancêtres sont invités à revenir momentanément chez les vivants lors de grands rituels. Des danseurs masqués jouent le rôle des aïeuls, appelés *katchina*. Chacun arbore un masque qui représente l'esprit défunt dont il porte le nom et le remercie d'apporter la pluie, si précieuse pour la culture du maïs.

et des légumes, ce que le chasseur s'empressa de faire. Après leur repas, l'ancêtre allongea son cou et le chasseur marcha dessus pour rejoindre l'autre rive. Peu de temps après, sa femme partit à sa recherche. Arrivée chez le vieillard, elle hurla : « Dépêche-toi de me faire traverser ! » Le vieil homme, outragé, refusa. Puis, comme elle insistait, il lui imposa la même corvée qu'à son mari. La femme obéit mais refusa de dîner. Le vieillard l'invita ensuite à traverser la rivière sur son cou. « C'est bien trop étroit ! » maugréa-t-elle. Lorsqu'elle atteignit le milieu de la rivière, le vieil homme s'ébroua et la fit tomber. Elle fut aussitôt dévorée par des poissons carnivores...

De drôles de héros

Quelquefois le rôle de guide est tenu par des esprits très particuliers : les *tricksters* (*trick* signifie “ruse” en anglais). Ces héros, à la fois fourbes et civilisateurs, aident les hommes à conquérir une vie meilleure mais peuvent aussi leur jouer de sales tours…

Malin et trompeur

Qu'il prenne la forme d'un coyote chez les peuples du Grand Bassin et de la Californie, d'un corbeau dans les tribus de la côte Ouest ou d'un lièvre chez les Amérindiens des Plaines, le *trickster* incarne toujours un être moqueur, glouton, malin et trompeur. Il est capable de s'opposer à toute domination – même à celle des esprits les plus puissants – et d'apporter aux humains les nouveautés dont ils ont tant besoin pour mener une vie meilleure : le feu, le cuivre, les arts de la pêche ou de l'agriculture. Mais attention, ses actes ne sont jamais innocents !

Bâton de pluie.

Carcajou le sauveur

Les Montagnais du Québec, par exemple, considèrent Carcajou comme celui qui leur a enseigné la bonne façon de vivre. Mi-homme, mi-animal, Carcajou a permis aux hommes et aux femmes, longtemps séparés, de se rencontrer et ainsi de fonder des familles. Il les a également délivrés du monstre qui les dévorait : une sorte de rat énorme qu'il a poussé dans un ravin.

Carcajou le meurtrier

Pourtant les mythes le décrivent aussi comme un être dangereux. Un épisode relate comment il fit mine, un jour, d'apporter un objet rare à des huards (de jeunes canards) pour les approcher. Ayant gagné leur confiance, il leur demanda de danser les yeux fermés et en profita alors pour… leur tordre le cou ! Son dernier forfait est le meurtre d'une grand-mère. Pour se venger, les humains tentèrent de le noyer en provoquant des inondations. Mais Carcajou leur échappa et s'enfuit sur un radeau en emportant un spécimen de chaque espèce de la Création. De nos jours, plusieurs villages de la rive nord du Saint-Laurent attendent toujours son retour dont on dit qu'il annoncera la fin du monde.

Des jumeaux comme guides

Chez les Zuni, les héros civilisateurs sont des jumeaux, Ahayuta et Matsilema, créés par Père Soleil pour aider les humains à affronter leurs ennemis. Aujourd'hui encore, les Zuni vénèrent ces puissants jumeaux au moment du solstice d'hiver (21 ou 22 décembre), en transportant leurs statues au sommet d'une montagne. Un épisode relate la manière dont ces héros sont parvenus à dérober les objets qui permettent de faire tomber la pluie, indispensable dans cette zone aride. Un jour, Ahayuta et Matsilema désobéirent à leurs parents et s'aventurèrent dans une *kiva* (construction souterraine où l'on pratiquait des rites) dont l'accès leur était interdit. Furieux, les esprits guerriers qui s'y trouvaient réunis, les *katchina*, les fouettèrent jusqu'à ce que mort s'ensuive. Puis ils leur coupèrent bras et jambes pour les offrir en repas à leurs fidèles. C'est alors que les voix des jumeaux, restées bien vivantes, pénétrèrent dans le nez des *katchina* qui se mirent à éternuer puis à mourir. Les esprits des jumeaux s'emparèrent alors des flèches et des pierres de pluie et les offrirent aux hommes.

Les jumeaux descendant dans la *kiva*.

Des clowns très sérieux

Chez les Pueblo, ce sont des clowns sacrés (les *kossa*) qui remplacent les *tricksters*. Lors des cérémonies, les danseurs qui les représentent adoptent des attitudes grotesques et font l'inverse de ce que préconisent les traditions. Une façon astucieuse et indirecte de rappeler aux humains ce qu'ils doivent scrupuleusement respecter pour ne pas fâcher les esprits.

En terres inca et aztèque

Pendant plus de 3 000 ans, le centre et le sud du continent américain ont connu le développement de civilisations prestigieuses. Les plus tardives et les mieux connues sont celles des Aztèques au Mexique et des Incas dans les Andes péruviennes.

Xipe Totec, l'une des divinités aztèques de la pluie.

Sauvés du désastre

La conquête espagnole, au XVIe siècle, mit un coup d'arrêt brutal à toutes ces civilisations, sans écriture pour la plupart. Leurs religions furent interdites et les populations christianisées. Pourtant, certains de leurs grands mythes fondateurs furent sauvés de l'oubli : des prêtres catholiques espagnols interrogèrent les nobles et les dirigeants qui traditionnellement les récitaient. Mais ces missionnaires en ont souvent donné une version déformée, car ils ne comprenaient pas toujours ce qu'on leur racontait. Par la suite, explorateurs et ethnologues ont continué ce travail de collecte et rassemblé des versions régionales de ces récits sacrés.

Pizarro le conquérant face à l'Inca, d'après Felipe Guaman Poma de Ayala, un Andin qui raconta la conquête espagnole, en 1615.

Des dieux proches de la nature

Les dieux et personnages dont parlent ces mythes sont tous liés à la nature. Ce qui n'est pas étonnant car les hommes de ces civilisations devaient sans cesse se battre pour domestiquer un environnement sauvage et souvent hostile.
Pour survivre, ils cherchaient à se concilier les forces naturelles. C'est ainsi que la pluie, la foudre, le tonnerre et, bien sûr, le soleil, ont été divinisés et les montagnes sacralisées. L'essentiel des rituels avait pour but de contrôler l'alternance des saisons, le rythme des pluies, la durée et l'intensité de l'ensoleillement afin d'obtenir de bonnes récoltes.

Noble aztèque peint dans un manuscrit mexicain du XVIIe siècle, le *Codex ixtlilxochitl*.

Les Andes, berceau des Incas

L'aire andine couvre, quant à elle, la partie centrale de la grande cordillère des Andes. Si, à l'ouest, des déserts bordent la côte pacifique, de riches vallées fertiles et des forêts semi-tropicales occupent l'est de la zone. Au centre, à 3 500 m, s'étendent de hauts plateaux arides que dominent des sommets parfois hauts de 7 000 m. On y trouve de nombreux lacs comme le Titicaca. C'est dans ce milieu que se sont développées plusieurs civilisations majeures, dont les plus remarquables sont celles de Chavin (1200-400 av. J.-C.), de Wari-Tiwanaku (de 600 à 1000 ap. J.-C.) et celle des Incas (de 1350 jusqu'à la conquête espagnole).

La Mésoamérique et les Aztèques

Sous le nom de Mésoamérique, les archéologues désignent la zone qui correspond à peu près au Mexique et au Guatemala. On y trouve à la fois des basses terres, couvertes de forêts tropicales, et un vaste plateau central au climat semi-aride, à 2 200 m d'altitude, délimité par une chaîne de volcans enneigés. De grandes civilisations s'y sont développées. À l'est du Mexique, dans des conditions tropicales, les Mayas ont connu leur apogée entre 250 et 900 ap. J.-C. Le haut plateau central fut tour à tour occupé par la cité-État de Teotihuacán, entre 0 et 700 ap. J.-C., par les Toltèques, qui fondèrent leur capitale à Tula, en 900, et enfin par les Aztèques, qui pénétrèrent dans le bassin de Mexico au XIIIe siècle.

La forteresse inca de Machu Pichu.

La légende des quatre soleils

Pour les Aztèques, le monde est une construction instable qui connaît plusieurs cycles successifs, ou soleils, finissant tous par des cataclysmes. D'où leur obsession à prévoir l'avenir et à retarder la fin du monde en effectuant des sacrifices.

Cinq mondes successifs
Les Aztèques pensaient qu'ils vivaient sous le cinquième soleil et que quatre créations avaient précédé la leur. Chacune était placée sous le signe d'une force naturelle : le ciel nocturne incarné par le dieu Tezcatlipoca, le vent avec Quetzalcóatl (*ci-dessus*), l'orage et le tonnerre avec Tlaloc ou la pluie avec Chalchihuitlicue. La fin de chacun de ces mondes est provoquée par des combats entre divinités ennemies.

Le premier soleil
Naui-Ocelotl ("quatre jaguars"), le premier monde, est placé sous le signe de Tezcatlipoca, le dieu tout-puissant du ciel nocturne, dont le nom nahuatl (la langue des Aztèques) peut se traduire par le "miroir fumant". Il utilise en effet cet objet pour pratiquer la sorcellerie et régner sur le monde. Tezcatlipoca peut prendre de nombreuses formes. Transformé en jaguar, il incarne la Grande Ourse, son pelage tacheté imitant alors la constellation. Les hommes de ce monde-là sont des géants imparfaits, qui ne savent pas cultiver la terre et qui se nourrissent de fruits et de racines. Finalement, des jaguars envahissent la terre et dévorent tous ses habitants.

Le second soleil
Ce nouveau monde, naui-Ehecatl ("quatre vents"), est dominé par Quetzalcóatl, le serpent à plumes, sous un de ses aspects particuliers : celui du dieu du vent appelé Ehecatl. Pour combattre Tezcatlipoca, son ennemi, Quetzalcóatl-Ehecatl déclenche une tempête que, très vite, il n'arrive plus à maîtriser. L'ouragan abat tous les arbres et la plupart des hommes meurent dans la catastrophe. Les rares survivants sont transformés en singes.

Le troisième soleil
Tlaloc, dieu terrestre de la pluie, de l'orage et du tonnerre, domine ce monde, appelé naui-Quiauitl ("quatre pluies"). Mais bientôt, il entre en conflit avec Quetzalcóatl, divinité opposée qui est associée au ciel et à la sécheresse. La pluie de Tlaloc se transforme en pluie de feu et recouvre la terre entière, anéantissant tous les hommes, sauf quelques-uns transformés en oiseaux aux plumes merveilleuses.

Le quatrième soleil
La création du nouveau monde, naui-Atl ("quatre eaux"), est prise en charge par la sœur de Tlaloc, Chalchihuitlicue, déesse dont le nom signifie "celle à la jupe faite en gouttes d'eau et en perles de jade". Malheureusement, certains dieux hostiles font en sorte qu'il pleuve tellement que la terre est entièrement couverte d'eau. Le déluge dure cinquante-deux ans, la durée d'un siècle dans le calendrier mésoaméricain. Les hommes de ce monde sont transformés en poissons. Dans certaines versions, on raconte qu'un couple réussit à survivre, mais qu'il fut rapidement changé en chiens.

Le cinquième soleil
C'est Quetzalcóatl, le serpent à plumes, qui donne aux hommes une nouvelle chance de peupler la terre. Pour cela, il se rend à Teotihuacán, la cité des dieux, et descend sous terre chercher les ossements des premiers hommes. Puis il les arrose de son propre sang, permettant à ces êtres humains d'acquérir l'apparence qu'ils ont aujourd'hui. Ce sacrifice de Quetzalcóatl justifiait aux yeux des Aztèques la pratique du sacrifice humain : en remerciement, les hommes devaient à leur tour nourrir les dieux de leur sang.

Des calendriers très précis

Afin de prévoir l'avenir et de retarder la fin du monde par des rituels, les Mésoaméricains avaient mis au point deux calendriers dont la combinaison permettait de former un système plus précis encore que celui que nous utilisons aujourd'hui : un calendrier solaire de 365 jours et un calendrier rituel de 260 jours, probablement calqué sur le cycle de la planète Vénus.

Quetzalcóatl, le serpent à plumes

Avant de devenir un dieu très important chez les Aztèques, Quetzalcóatl était à l'époque des Toltèques, vers 900 ap. J.-C., un héros mythique, fondateur de la nouvelle capitale, Tula.

Naissance d'un héros
Son père, le guerrier Mixcóatl ("serpent de nuage"), originaire des déserts du nord du Mexique, envahit le bassin de Mexico à la tête de guerriers sanguinaires, vivant de razzias et de pillages. Il tombe alors amoureux d'une princesse locale, appelée Chimalma, mais meurt assassiné avant la naissance de leur fils, nommé Ce Acatl Tolpitzin ("notre prince"). Le futur héros est élevé par sa mère, dans la tradition pacifique des agriculteurs locaux. Devenu adulte, le jeune prince fonde une nouvelle capitale, Tula, dont il devient le roi, mais aussi le prêtre principal sous le titre de Quetzalcóatl, le "serpent à plumes". Il s'appuie militairement sur les anciens alliés de son père, tout en conservant les enseignements donnés par sa mère.

L'âge d'or
Sous le règne de Quetzalcóatl, les palais sont spacieux et richement décorés : les murs sont recouverts d'or, de turquoise et de plumes précieuses. Dans les champs poussent des épis de maïs multicolores, plus gros que partout ailleurs. Quetzalcóatl règne paisiblement sur Tula, sans aucune violence ; il est contre la guerre, interdit le sacrifice humain et préfère offrir de l'encens, des papillons ou des oiseaux aux divinités.

Tula, cité des arts
Partout se développent les arts : sculpture, orfèvrerie, céramique. Des artisans spécialisés, les *amantecas*, assemblent des plumes précieuses et en font des tableaux d'une finesse extrême ou d'immenses coiffes multicolores. La poésie, le chant et l'art oratoire résonnent dans les palais, où se déroule une vie paisible et douce.

La trahison de Tezcatlipoca

Mais le pacifisme de Quetzalcóatl rend furieux certains dieux, avides de sang et de sacrifices humains. Tezcatlipoca, le dieu magicien au miroir fumant, veut sa perte et organise un stratagème pour le chasser du pouvoir. Lors d'une fête, il se déguise et enivre le roi en lui faisant boire un alcool à base de cactus. Quetzalcóatl perd le contrôle de lui-même et séduit une jeune fille. À son réveil, honteux, il pense avoir trahi ses engagements de prêtre et choisit de quitter Tula, simplement suivi d'une poignée de fidèles.

Une fin mystérieuse

Parti vers l'ouest, Quetzalcóatl ne reviendra plus à Tula. Il traverse le bassin de Mexico, puis les montagnes de la Sierra Madre, se dirigeant vers l'océan Pacifique. Selon une version du mythe, il se suicide en se jetant dans un feu, puis monte au ciel et se transforme en Vénus, la planète qui lui sera désormais associée. Dans une autre tradition, il construit un radeau en tressant des serpents et s'embarque vers l'ouest, en promettant de revenir. Décrit comme un dieu à la peau blanche, portant la barbe, il sera confondu avec Hernán Cortés au moment de l'arrivée des Espagnols sur les côtes du Mexique (*voir encadré ci-contre*).

Blancs et barbus

Lorsque l'Espagnol Hernán Cortés débarque sur les rives du Mexique avec ses soldats, blancs, barbus et couverts d'armures qui brillent au soleil, les Aztèques le prennent pour Quetzalcóatl et croient que le dieu est enfin revenu. Avant de s'apercevoir de leur erreur, ils recevront somptueusement Cortés, lui offrant des objets en or qui ne feront qu'aiguiser la cupidité des conquérants.

Vers la terre promise

Un mythe retrace l'histoire des Aztèques, appelés aussi Mexicas, et décrit la longue errance de leurs ancêtres, partis du nord du Mexique à la recherche d'une terre, promise par le dieu Huitzilopochtli.

Aztlán, l'origine perdue

Cette histoire mythique était racontée par les prêtres lors des fêtes religieuses. À l'origine, les ancêtres des Aztèques vivaient paisiblement sur l'île d'Aztlán, située dans la région nord-ouest du Mexique. Ils habitaient de beaux villages et pratiquaient l'agriculture. Leur divinité la plus importante était un dieu guerrier associé au soleil, Huitzilopochtli, dont le nom signifie en nahuatl le " colibri de la gauche ". Mais voilà qu'un jour, l'oracle du dieu leur ordonne de quitter leur patrie et de rechercher un nouveau territoire. « Vous aurez atteint la terre promise, leur dit-il, lorsque vous découvrirez un aigle posé sur un cactus, en train de dévorer une figue de Barbarie. » Ce fruit de cactus ressemble selon les Aztèques à un cœur humain ou à un serpent.

Une longue errance

Pendant plusieurs décennies, les Aztèques errent dans le désert et survivent misérablement de pêche et de chasse. Vêtus de peaux d'animaux, ils consomment des plantes sauvages et chassent à l'arc. Leur itinéraire comporte plusieurs étapes, dont l'une des plus importantes est Chicomoztoc, les " neuf grottes ". Certains textes disent même qu'il s'agit du point de départ de leur migration.

Huitzilopochtli ordonne à son peuple de partir.

L'arrivée dans le bassin de Mexico

Cette errance prend fin quand les Aztèques arrivent aux abords du bassin de Mexico. Ils y pénètrent par le nord, faisant une halte dans la ville de Tula, la capitale toltèque où ils redécouvrent les vertus de la civilisation. Ils s'imprègnent de la culture toltèque, apprennent la maîtrise du calendrier et les arts les plus raffinés. Puis ils entrent dans le bassin et arrivent dans la région des lacs, déjà surpeuplée. Effrayées par leur aspect barbare, les cités prospères des environs les rejettent comme des intrus indésirables. Mais leurs qualités de guerriers sont finalement reconnues et le roi de Culhuacan, une cité située sur la rive méridionale du lac Texcoco, les engage comme mercenaires.

L'errance du peuple mexica représentée dans un manuscrit aztèque du XVIe siècle, le *Codex azcatitlan*.

L'apparition tant attendue

De nouveau chassés, ils doivent fuir et trouvent refuge sur une petite île insalubre au milieu des marécages. Là, ils découvrent enfin la vision tant attendue : l'aigle juché sur un cactus dévorant une figue de Barbarie. C'est sur cette île que sera fondée leur capitale, Tenochtitlán (site actuel de Mexico), une cité lacustre magnifique que les Espagnols appelleront "la Venise du Nouveau Monde".

La vision tant attendue des Aztèques, à la recherche d'une nouvelle terre.

Un temple-pyramide

Au centre de la ville de Tenochtitlán se dressait un grand centre religieux dominé par une pyramide comportant deux temples jumeaux. Tous deux étaient consacrés aux divinités qui marquèrent l'histoire des Aztèques : Huitzilopochtli, le dieu-colibri, et Tlaloc, divinité de la fertilité, originaire du bassin de Mexico.

Con Tici Viracocha, maître de l'univers

Selon de nombreux mythes andins, le monde aurait été créé par le dieu inca Con Tici Viracocha, au cœur des hauts plateaux, sur le lac Titicaca.

L'île du Soleil émerge

Selon ces récits,Viracocha commence par créer le ciel et la terre, mais sans soleil, ni lune, ni étoiles. Pour peupler ce premier monde, il sculpte dans la pierre des êtres humains plus ou moins difformes et gigantesques. Lorsqu'il se rend compte de leur monstruosité, Viracocha renonce à leur donner la vie et les refaçonne à son image, tels qu'ils sont aujourd'hui. Très vite, ces hommes lui désobéissent. Pour les punir, Viracocha transforme les uns en pierres et noie les autres sous un vaste déluge. Lorsque les eaux se retirent, une terre émerge : c'est l'île du Titicaca, appelée aussi "île du Soleil".

Les astres montent au ciel

Désireux de renouveler son œuvre, Viracocha se fait aider cette fois par trois serviteurs : Imaymana ("celui dans la main duquel se trouvent toutes choses"), Tocapu ("celui en qui se trouvent incluses toutes choses") et Taguapaca ou Tunupa ("le maître de la foudre et de l'éclair"). Ils font émerger le soleil, la lune et les étoiles du lac Titicaca et les fixent au firmament. La lune brille alors presque autant que le soleil. Jaloux, celui-ci jette une poignée de cendres au visage de sa rivale, la rendant à jamais toute pâle.

Le lac Titicaca.

Titi gros minet

En aymara, la langue des anciens habitants des hauts plateaux andins, le mot *titi* désigne un chat sauvage. Ils adoraient cet animal mythique et lui avaient construit un temple sur un rocher (*caca*). Titicaca signifie donc le "rocher du félin" !

Les hommes naissent à Tiwanaku

Poursuivant son travail, Viracocha se dirige ensuite vers les rives méridionales du lac, à Tiwanaku, où il modèle dans l'argile hommes, femmes et enfants. Un grand site archéologique se trouve aujourd'hui à cet endroit, et l'on raconte que les têtes enclavées dans certains murs du temple semi-souterrain sont celles de ces premiers êtres humains. Viracocha habille ses créatures, les coiffe, les regroupe en différentes tribus, donne à chacune une langue, puis leur insuffle la vie. Il leur ordonne alors de cheminer sous terre, nation par nation, jusqu'aux régions qu'elles doivent peupler. Deux de ses serviteurs les précèdent afin de les appeler à l'endroit où elles doivent resurgir. Le premier se rend vers l'ouest, le second vers l'est, quant au créateur, il prend le chemin central vers Cuzco.

Viracocha se retire

En chemin, alors qu'il passe par le village de Pucara, au sud du lac Titicaca, Viracocha s'aperçoit que certains hommes lui ont désobéi ; il les châtie aussitôt et les transforme en pierres. Un grand temple se dresse aujourd'hui à cet endroit. Un peu plus loin, à Calcha, des hommes en armes l'attaquent ; il fait tomber sur eux un feu céleste si intense que la montagne s'embrase. Pris de remords, les hommes implorent sa clémence et le reconnaissent comme leur créateur. Viracocha reprend la route et poursuit vers le nord, jusqu'à la province de Puerto Viejo. Là, rejoint par ses serviteurs, il se dirige vers la mer où il disparaît en marchant sur les eaux. Tel est le mythe de la création du monde conté par les Incas.

Têtes encastrées dans le mur du temple semi-souterrain de Tiwanaku, en Bolivie.

Manco Capac et l'empire inca

L'ancienne capitale de l'empire inca, Cuzco, est située sur le haut plateau de la cordillère des Andes, au sud du Pérou. La tradition régionale attribue sa fondation à l'Inca Manco Capac, fils du dieu-soleil Inti, et à sa sœur-épouse Mama Oc-cla, émanation de la Lune.

Un précieux bâton

D'après certains mythes recueillis par les Espagnols, ce couple originel, originaire de la région du lac Titicaca, serait parti vers l'ouest, à la recherche de terres fertiles où s'installer avec son peuple. Sa quête l'obligea à traverser des territoires souvent hostiles, où Manco Capac plantait son grand bâton pour tester la qualité du sol. Au terme de plusieurs années, et après bien des aventures, les deux héros parvinrent finalement dans la vallée de Wanaypata. Là, le bâton de Manco Capac s'enfonça si profondément dans la terre qu'il choisit d'y fonder la capitale de son nouveau royaume : Cuzco.

Pétrifiés sur place

Selon une autre tradition, les premiers Incas seraient originaires de la grotte de Pacari Tambo, située à l'est de la vallée de Cuzco. De cette caverne seraient sortis quatre frères : Ayar Cachi, Ayar Uchu, Ayar Awka et Manco Capac (ou Ayar Manco) et leurs sœurs-épouses. Ces premiers hommes sillonnent la région pour trouver une terre. Parvenu non loin de Cuzco, l'aîné des frères fait soudain demi-tour. Il entre dans une caverne et se transforme en pierre, devenant ainsi une divinité locale, une *huaca*. Les cadets, perturbés, poursuivent leur quête jusqu'à ce qu'Ayar Uchu, peu après avoir atteint le sommet du mont Wanakawri, décide de se reposer un peu. Il s'assied sur une pierre au sommet, en haut du col, et se pétrifie à son tour.

Enfin arrivés !

Choqués par la disparition de leurs aînés, les deux garçons restants décident pourtant de continuer et lancent leur bâton dans différentes directions pour savoir où aller. Le bâton d'Ayar Cachi s'enfonce dans les terres de la région de Waynapata. Convaincu qu'il a enfin trouvé la terre promise, Ayar Cachi en prend possession, mais se transforme aussitôt en une grande montagne. Resté seul, Manco Capac s'établit finalement dans la vallée de Wanaypata, où il fonde la cité de Cuzco.

Dieu au bâton figurant sur la porte du Soleil à Tiwanaku.

Aujourd'hui encore, les Péruviens adorent certaines montagnes ou roches sacrées.

Des alliés très influents

Cette région était alors occupée par diverses tribus comme les Sawasiray, les Allkawisas ou les Maras qui vivaient dans un état de guerre perpétuelle. Pour tâcher de les pacifier, Manco Capac et sa sœur-épouse décident de conclure des alliances avec eux. Très vite, leur peuple adopte la langue de ces nouveaux alliés, le quechua, et nombre de leurs coutumes.

Les descendants de l'Inca

Après la mort de Manco Capac, seize souverains se sont succédé. Chacun portait le titre de *Sapa Inca* ou "Inca Unique". Considéré comme le fils du dieu-soleil, l'empereur était reconnu et respecté comme un chef suprême, qui décidait des lois et les faisait appliquer. Il dirigeait également les armées et tenait le rôle du grand prêtre du Soleil, Inti. Mais l'Inca n'oubliait jamais qu'il descendait aussi de Manco Capac, le héros civilisateur de l'humanité, et qu'il en était le représentant.

L'esprit des ancêtres

Les Incas momifiaient les personnages importants car ils pensaient que tant que leur corps ne disparaissait pas, leur âme continuait à vivre. Ils les plaçaient dans des mausolées, appelés *chullpas*, où ils leur rendaient hommage lors de grandes fêtes. Les Incas honoraient également certaines montagnes, des cavernes, des rochers ou des arbres qu'ils appelaient *huacas*, et où ils pensaient que l'esprit de leur ancêtre s'était réfugié.

Les aventures de Tunupa

Dans la région du Salar d'Uyuni, un immense désert de sel situé au sud du lac Titicaca, un mythe inca explique le relief volcanique des lieux. Son personnage principal est Tunupa, qui cette fois n'est plus le serviteur de Viracocha mais une femme-volcan un peu volage.

Tunupa est l'épouse d'Asanaques, un volcan à l'apparence d'un vieil homme à barbe blanche qui ne cesse de la tourmenter. Pour lui échapper, la jeune femme s'enfuit vers la mer et laisse d'innombrables traces sur son passage. Tout d'abord, elle abandonne ses fils aînés qui se pétrifient aussitôt en montagnes, puis perd l'une de ses sandales qui se transforme en colline. Affamée, Tunupa décide de s'arrêter pour préparer une bouillie de céréales et construit un petit foyer qui, aujourd'hui encore, ressemble à une cuvette asséchée. Un peu plus loin, elle est contrainte d'abandonner son fils Sayani, atteint par la rougeole ; la montagne qui se dresse à cet endroit est depuis couverte de taches. Enfin, arrivée près du Salar d'Uyuni, Tunupa finit par rencontrer deux jeunes volcans,

très beaux. Elle se lie à l'un d'eux, Cora Cora, et accouche d'un fils. Mais, bien vite, d'autres prétendants accourent et la jeune femme tombe amoureuse du grand Ullulu. Les deux volcans s'affrontent. Ullulu est atteint à la mâchoire, raison pour laquelle son cratère est aujourd'hui très escarpé. Cora Cora, touché à la vessie, laisse échapper de ses entrailles de nombreuses sources alentour. Le cœur brisé, Tunupa reprend la route. Contrainte d'abandonner son plus jeune fils, elle le nourrit une dernière fois. Quelques gouttes de lait coulent et se répandent sur le sol, donnant naissance au Salar d'Uyuni, le plus grand lac salé asséché du monde. Puis elle poursuit son voyage vers la mer, laissant l'un de ses noms, Tarapaca, à une région.

Des animaux emblématiques

Jaguars, pumas, ours, cerfs, aigles, condors, serpents ou crocodiles occupent une place de choix dans l'imaginaire des peuples précolombiens qui, autrefois, voyaient en eux l'esprit des ancêtres ou les messagers des dieux.

Le jaguar
Pendant 3 000 ans, le jaguar a été l'animal sacré par excellence des civilisations mésoaméricaines. Ce félin aux habitudes nocturnes, excellent nageur, est associé à la terre humide, à l'inframonde (nos "enfers") et au monde des ancêtres. Selon les légendes aztèques et mayas, son pelage, avec ses taches claires entourées de noir, représente le ciel étoilé. Seuls les dignitaires et les rois, qui tenaient leur pouvoir d'ancêtres divins, avaient le droit de porter des capes, des pagnes et autres ornements faits avec sa fourrure.

L'aigle
Ce grand chasseur a été choisi comme animal emblématique par les dignitaires aztèques qui revendiquaient ainsi son caractère guerrier et sanguinaire. Chez les Aztèques, l'aigle est identifié au ciel, au soleil, à la guerre et au dieu Huizilopochtli. Lorsque les guerriers mouraient au combat, ils pouvaient gagner le paradis et accompagner l'aigle de Huitzilopochtli dans sa course à travers le ciel. L'aigle est souvent représenté en train de dévorer un cœur humain, car Huitzilopochtli exige de nombreux sacrifices.

Le lama

Pour les populations andines, le lama et son cousin l'alpaga sont des animaux sacrés que leur a donnés le dieu créateur, Viracocha, afin qu'ils puissent se vêtir et supporter le froid des hauts plateaux. Ces animaux étaient sacrifiés lors de grandes fêtes en l'honneur des dieux. Une légende raconte qu'un grand lama céleste et son petit résident dans la Voie lactée où coulent les eaux de toutes les sources.

Le condor

Cet oiseau de proie est toujours très respecté. Les Incas l'appelaient *Mallku*, le "chef", et voyaient en lui l'incarnation de leurs ancêtres protecteurs et le messager du dieu-soleil, Inti. Sur les hauts plateaux des Andes boliviennes, cet oiseau figure encore dans de nombreuses danses villageoises : un homme revêt alors la dépouille d'un condor et mime son vol.

Le porteur des Andes

Le lama est également le seul animal de bât connu dans les Andes. Regroupés dans de grandes caravanes, ces animaux transportent encore de lourdes charges à travers la montagne pour ravitailler les villes et les villages.

Le crocodile

Cet animal pouvant vivre à la fois dans et hors de l'eau, les Mayas l'ont représenté comme une sorte de monstre terrestre qui assure le passage entre deux niveaux de l'univers : la terre et l'inframonde recouvert d'eau. Le crocodile permet ainsi la circulation des hommes et des dieux entre la terre et les enfers.

L'Asie

En Inde et dans toute l'Asie du Sud-Est, l'histoire des dieux et de leurs réincarnations successives sur terre est toujours racontée ou mise en scène, à la grande joie des fidèles hindouistes. Ces longs récits mythologiques sont indissociables de la religion. Les mythes chinois ont en revanche été oubliés depuis longtemps, même s'ils sont à l'origine de nombreuses croyances ; ils ont aussi influencé l'écriture d'opéras et de légendes. Au Japon, la mythologie, étroitement liée au culte de l'empereur, raconte l'origine divine des souverains.

Chez les hindous

En Inde, la mythologie est intimement liée à la religion principale, appelée védisme aux origines, puis brahmanisme et de nos jours hindouisme. Les fidèles de cette religion vénèrent de nombreuses divinités qui ont chacune leur histoire, mais croient aussi en un principe suprême, à l'origine de toutes choses et auquel tout retourne.

À l'origine de tout

Le védisme – qui a influencé toutes les spiritualités indiennes jusqu'à nos jours – était la religion des conquérants venus s'établir dans le nord de l'Inde vers 2000 av. J.-C. ; ils se désignaient eux-mêmes comme les Aryens (les "nobles"). Ils ne représentaient pas leurs dieux et n'avaient pas de temple. Seuls des prêtres, les brahmanes, pouvaient faire des sacrifices aux divinités. Les témoignages qui nous sont parvenus de cette époque sont des textes sacrés, appelés *Veda* ("savoir"), rassemblant les révélations faites à des sages extraordinaires, les *Rishis* ("Voyants"). Ces visions furent tout d'abord transmises oralement puis, des siècles plus tard, mises par écrit. On y trouve déjà formulés les grands principes de l'hindouisme.

Tête de brahmane (IIIe siècle ap. J.-C.).

Vishnou et Shiva sortent du lot

Lentement, la religion a évolué. Deux dieux se sont détachés de l'ensemble des divinités védiques et se sont imposés : il s'agit de Vishnou et de ses diverses incarnations, appelées *avatara*, et de Shiva. De grands temples leur ont été dédiés, où les hindous viennent déposer des offrandes et honorer leurs statues. Deux grandes épopées, le *Ramayana* et le *Mahabharata*, qui datent des tout premiers siècles de notre ère, racontent l'histoire de ces dieux incarnés.

Fidèles apportant des offrandes aux dieux.

La spirale des existences

C'est dans le *Mahabharata* que se trouve le texte le plus important de la religion hindoue, la *Bhagavad Gita* ("Chant du Bienheureux"). On y explique comment l'homme peut atteindre la paix éternelle et cesser de renaître sans fin. En effet, l'hindou croit qu'après la mort il renaîtra pour continuer son évolution spirituelle dans un autre corps. Selon que l'on a bien ou mal agi, on se réincarne en une créature plus ou moins haut placée dans l'échelle des êtres. En cas de faute grave, l'homme peut renaître dans une bête, une plante, voire une roche. Cette spirale des existences ne peut s'interrompre que si l'on se libère du désir sous toutes ses formes, ou encore si l'on voue sa vie à un dieu.

Statuettes représentant trois incarnations de Vishnou.

Une conception particulière du temps et du destin

Les hindous ne voient pas le temps comme les Occidentaux. Ils l'imaginent cyclique, avec une succession de créations et de fins du monde. Selon eux, notre monde connaît quatre âges, appelés *yuga*, qui vont du meilleur au pire, pour ensuite revenir au meilleur et ainsi de suite. Nous sommes, depuis fort longtemps déjà et pour un bon moment encore, dans le quatrième âge, le *kali*, qui est le plus mauvais. Par ailleurs, l'univers tout entier, comme chaque créature, obéit à une loi qui lui est propre, le *dharma*, que rien ne peut changer. Pour les hommes, ce *dharma* n'est pas le même selon l'âge, le sexe et le groupe social auquel on appartient.

Le culte des images

Le fidèle hindou, contrairement à ses ancêtres, adeptes du védisme, offre aux images divines de l'eau, de l'encens, des fleurs, et même de la nourriture. Il se rend dans son oratoire privé ou dans un temple pour accomplir ce rituel. Bien sûr, il n'honore pas la pierre dont est faite la statue mais la divinité que le prêtre, par ses prières, y a fait venir. Une fois que le souffle divin y a été introduit, le fidèle soigne la statue comme un être humain. Il la baigne, l'évente, l'habille selon les saisons, la décore de bijoux et de fleurs.

La trinité divine

Les trois principaux dieux de l'hindouisme forment une trinité, la *Trimûrti*, c'est-à-dire trois aspects d'une même réalité. Chacun exerce une fonction essentielle et complémentaire dans le monde. Tous trois ont au moins une épouse, que l'on représente souvent à leurs côtés.

Vishnou Narayana
Vishnou est sans doute le dieu qui compte le plus d'adorateurs. Sous le nom de Narayana, un des récits de la Création le montre allongé sur le serpent Ananta (l'infini) et flottant sur les eaux de l'océan originel. Lorsqu'il s'éveille après avoir sommeillé pendant des millénaires, de son nombril sort une tige de lotus au sommet de laquelle se trouve Brahma, qui s'apprête à créer le monde.

Vishnou, le préservateur
Mais la Création est sans cesse menacée par des démons. Pour la sauver et préserver la loi qui gouverne l'univers (le *dharma*), Vishnou s'incarne alors sous des formes diverses : d'abord animales - poisson, tortue, sanglier ou homme-lion -, puis humaines, comme Rama, le héros de l'épopée du *Ramayana*, ou Krishna. Chacune de ces incarnations est adaptée à la mission qu'il doit remplir : pour soutenir la terre qui menace de s'enfoncer dans les eaux, Vishnou se fait tortue ; sanglier, il l'en retire ; homme-lion, il met en pièces le démon Hiranyakashipu qui persécute ses fidèles, etc.

Un aspect déroutant

L'étrange apparence des divinités hindoues est symbolique : le fait d'avoir trois yeux signifie qu'un dieu est omniscient. Ses bras multiples sont l'expression de sa toute-puissance.
On reconnaît chaque dieu à sa physionomie, mais aussi aux objets qu'il tient et à l'animal qu'il chevauche. Vishnou, par exemple, porte une couronne royale et tient dans ses quatre mains la massue, la roue, la conque marine et le lotus. Il se déplace sur le dos de l'aigle Garuda.

Brahma, le créateur

Brahma, Père de toutes choses, est un dieu très abstrait, associé au savoir et au pouvoir des brahmanes. De nombreux mythes le mettent en scène, mais il n'a pas de fidèles qui lui soient personnellement attachés et un seul temple en Inde lui est consacré. Maître des créatures sous le nom de Prajapati, on dit qu'il a créé de son propre corps la société hindoue, divisée en classes (*varna*).
De sa bouche sont sortis le brahmane, prêtre et savant, de ses bras, le *kshatriya*, prince et guerrier, de ses cuisses, l'agriculteur, l'artisan et le commerçant, et de ses pieds, le *shudra*, serviteur des autres.

Porteur des textes sacrés

Brahma a quatre têtes et tient dans ses quatre bras les *Veda*, textes fondateurs, ainsi que le rosaire, la cuillère du sacrifice et un vase pour les offrandes. Il est monté sur une oie. Son épouse est Sarasvati, déesse de la parole et du savoir.

Shiva, le destructeur

Shiva joue le rôle du destructeur à la fin de chaque cycle et, de ce fait, permet une nouvelle création. On raconte que lorsque le roi des démons, Tripura, prit le pouvoir et fit régner sur l'univers chaos et tyrannie, Shiva, armé d'un arc et d'une flèche, réussit à détruire la formidable forteresse que ce tyran avait construite. Tripura avait en effet réuni par magie trois villes fortifiées, une dans l'atmosphère, une sur terre et une souterraine, en faisant un espace chaotique et imprenable. Shiva, en les détruisant, libéra les forces de l'univers.

L'époux fidèle

Mais Shiva possède aussi d'autres aspects beaucoup plus paisibles. C'est l'époux aimant de la déesse Parvati avec laquelle il réside dans les montagnes de l'Himalaya en compagnie de leurs fils, Ganesha et Karttikeya. Il a de très nombreux fidèles et beaucoup de temples.

Dieux et démons

Des dieux secondaires contrôlent la terre et le ciel, mais ils doivent sans cesse se défendre contre des démons qui habitent les mondes inférieurs et cherchent à les supplanter… Par bonheur, les dieux sont beaucoup plus intelligents et finissent toujours par triompher.

L'immortalité, mais pas pour tous !

Un jour, les dieux, se sentant faiblir, allèrent voir Vishnou, le grand chasseur de démons. Celui-ci leur suggéra de fabriquer un élixir de vie en barattant l'océan. Le mont Mandara servit de tonneau, le serpent Vasuki (le roi très vertueux des reptiles) de corde et Vishnou, lui-même, sous la forme d'une tortue, de socle. Les dieux prirent en main la tête du serpent et les démons la queue. Ils fouettèrent longtemps l'eau salée. Plusieurs créatures surgirent finalement de l'océan, dont un médecin chargé d'un pot plein de nectar. Aussitôt, les démons s'emparèrent du précieux liquide. Vishnou prit alors l'apparence d'une belle jeune femme et le leur déroba. Il s'empressa de faire boire les dieux qui devinrent immortels. Au grand dam des démons qui n'ont désormais qu'une solution pour accéder à l'immortalité : faire de nombreuses pénitences et obtenir en récompense de Brahma ou Shiva la vie éternelle. Bien sûr, ces derniers prennent soin de toujours leur imposer des conditions impossibles à remplir…

Une déesse anti-démons

Une autre fois, les dieux se réunirent de toute urgence car de redoutables démons avaient usurpé le trône d'Indra, le souverain du panthéon védique. Chacun produisit de grandes lumières ; en s'unissant celles-ci prirent la forme d'une femme merveilleusement belle et puissante. Cette guerrière reçut de chaque dieu une arme et un lion pour monture. Elle tua sans tarder le démon-buffle, le chef des créatures malfaisantes. Depuis, cette déesse est honorée sous des noms et des formes diverses ; on l'appelle aussi simplement "la Déesse". Souvent liée au dieu Shiva, elle symbolise l'énergie cosmique.

Le festival de Durga

La victoire de "la Déesse" est célébrée dans toute l'Inde et particulièrement au Bengale, où l'on fabrique de grandes scènes en argile reproduisant son combat. Le quatrième jour après son installation, sa statue, appelée Durga, est jetée cérémonieusement dans l'eau d'un fleuve ou d'une rivière.

Un dieu à tête d'éléphant

Tous les dieux n'ont pas une apparence humaine. Ganesha, le dieu du succès, a par exemple une tête d'éléphant. Pourtant, à sa naissance, il était tout à fait normal ! Sa mère, Parvati, l'épouse de Shiva, l'avait façonné à partir des sécrétions de sa peau et avait fait de lui le gardien de sa demeure. Un jour, Shiva voulut entrer chez Parvati alors qu'elle prenait son bain. Ganesha refusa de lui ouvrir la porte. Furieux, le dieu voulut passer en force et coupa la tête de son fils. Parvati, éplorée, insista pour que le dieu rendît la vie et une nouvelle tête à Ganesha. Shiva jura de lui donner celle du premier venu. Ce fut un éléphant !

L'histoire du prince Rama

Le *Ramayana*, un poème qui remonte au début de notre ère, raconte l'histoire du roi Rama, la septième incarnation du dieu Vishnou. Chanté, dansé, mis en scène au théâtre ou avec des marionnettes, c'est l'un des mythes les plus populaires d'Asie du Sud-Est.

Le chantage

Le roi Dasharatha a trois épouses. L'aînée, appelée Kaushalya, lui a donné un fils très vertueux nommé Rama ; la seconde a eu des jumeaux, Laksmana et Satrughna, et la troisième, Kaikeyi, un fils, Bharata. Les quatre princes grandissent en parfaite harmonie. Ils deviennent très habiles au maniement des armes. Rama réussit même à bander un arc magique qui lui permet d'obtenir la main de la princesse Sita. Se sentant vieillir, Dasharatha décide un jour de proclamer prince héritier son fils aîné Rama. La reine Kaikeyi rappelle alors au roi qu'elle lui a jadis sauvé la vie et exige en récompense que son fils Bharata soit l'héritier du trône et que Rama parte en exil pendant quatorze ans.

L'exil forcé

Le roi Dasharatha doit obéir pour payer sa dette. Rama part donc pour la forêt avec son épouse, Sita, et son frère dévoué, Laksmana. Le roi en meurt de chagrin. Lorsque Bharata, qui était absent de la capitale lors de ces événements, revient et apprend ce qui s'est passé, il refuse le pouvoir et part chercher Rama. Mais celui-ci repousse son offre, soucieux de ne pas désobéir à la volonté de leur père. Bharata repart donc pour la capitale et place sur le trône les sandales de Rama en attendant son retour.

Le combat

Rama, prévenu par l'oiseau mourant, se met en route pour Lanka. Il passe par le royaume des singes qui deviennent ses alliés. Leur général, Hanuman, sert d'éclaireur et retrouve Sita, enfermée dans un jardin de Lanka. Fait prisonnier, il se libère et, avec sa queue, met le feu à la ville avant de revenir auprès du prince. Rama, Laksmana et l'armée des singes construisent alors un pont sur l'océan pour gagner l'île. Une fois arrivés, ils tuent tous les démons et mettent sur le trône Vibhishana, un frère vertueux de Ravana. De nouveau réunis, Rama et Sita retrouvent enfin leur royaume. Rama est couronné roi. C'est le début d'un âge d'or.

L'enlèvement de Sita

Les démons ne laissent pas pour autant Rama et Sita en paix. La sœur de Ravana, le souverain de l'île de Lanka, est amoureuse de Rama et cherche à le séduire. Laksmana chasse l'importune et lui coupe le nez et les oreilles. La démone rapporte ses malheurs à son frère et, pour se venger, lui vante la beauté de Sita. Ravana, alléché, décide d'enlever la princesse. Il envoie d'abord une belle antilope couleur d'or que Rama poursuit à la demande de Sita. Mais croyant entendre des appels à l'aide, celle-ci dépêche son beau-frère au secours du chasseur. Elle se retrouve alors seule et sans défense. Ravana choisit cet instant pour apparaître sous les traits d'un ermite mendiant. Lorsque Sita s'approche pour lui donner l'aumône, il l'enlève dans les airs. En route, il blesse le vautour Jatayu qui tentait de délivrer la jeune femme.

Krishna le bien-aimé

Krishna, considéré comme la huitième incarnation de Vishnou, est peut-être le dieu le plus aimé de l'Inde. Venu délivrer le monde des méchants, il est le fils de Devaki, la sœur du mauvais roi Kamsa qui règne sur Mathura, une cité située au bord de la rivière Yamuna.

1 - Échappé de justesse
Kamsa a usurpé le trône de Mathura en chassant son père. On lui prédit qu'il sera assassiné par l'un des enfants de sa sœur Devaki, aussi fait-il tuer tous ses neveux. Le septième fils de Devaki, ainsi que son dernier-né, Krishna, échappent à ce triste sort. Ils sont confiés dès leur naissance aux bouviers qui vivent sur l'autre rive de la Yamuna. À la place de Krishna, on présente au roi la fille nouveau-née du chef des bouviers. Quand Kamsa lève le bras pour la tuer, l'enfant lui échappe et lui annonce que son futur meurtrier a été épargné. Cette petite fille est en réalité une forme de " la Déesse ".

2 - Une enfance champêtre
Krishna passe ainsi son enfance au milieu des bouviers, élevé par sa mère adoptive Yashoda qui le chérit. Espiègle et très gourmand, l'enfant dérobe souvent le beurre et la crème que la bouvière garde dans des pots avant de les porter au marché. Elle le punit en l'attachant aux roues d'une charrette, mais il parvient toujours à s'échapper en traînant derrière lui le lourd véhicule.

3 - L'entraînement du héros
Devenus grands, Krishna et son frère combattent sans cesse des créatures démoniaques envoyées par le méchant Kamsa, tels une grue fantastique, un reptile mortel, un buffle monstrueux ou un cheval carnivore. Krishna réussit également à vaincre un immense serpent dont le souffle empoisonne les eaux de la Yamuna. Une autre fois, il soulève d'un doigt le mont Gobardhan et s'en sert pour abriter les bouviers des pluies diluviennes déclenchées par le dieu Indra.

4 - Bourreau des cœurs
Les jeunes bouvières sont toutes sous le charme de Krishna. Il joue de la flûte divinement et sa musique fait fondre leur cœur. Devenu adulte, il s'éprend de Radha. La légende veut qu'étant déjà mariée, celle-ci ait eu à supporter bien des insultes et des souffrances pour aller rejoindre Krishna.

5 - La séparation
Mais Krishna doit accomplir la tâche pour laquelle il a été incarné. Il quitte donc à tout jamais les bords de la Yamuna, infligeant un immense chagrin à ses amis et à sa bien-aimée.

6 - La mission
À Mathura, il tue l'ignoble Kamsa et remet sur le trône le souverain légitime. Ensuite, il participe à la guerre racontée dans l'épopée du *Mahabharata* et énonce l'enseignement philosophique et religieux contenu dans le *Bhagavad Gita*. La paix revenue, Krishna regagne sa ville de Dwarka et rejoint son clan, les Yadava.

Bleu de la tête aux pieds
Le mot *krishna* veut dire noir. D'où la peau d'un magnifique bleu-noir du dieu Krishna. Vêtu de jaune, il ne manque pas d'allure !

Un dieu qui aime la fête

De nombreuses fêtes sont consacrées à Krishna. On célèbre sa naissance en reproduisant l'épisode de sa fuite à travers la Yamuna. Lors de la fête de Rasa, on mime sa danse avec les bouvières. Au printemps, la fête des couleurs, appelée Holi, rappelle aussi ses jeux lorsqu'il s'aspergeait avec ses compagnes d'eau colorée et s'enduisait de poudres jaunes, rouges ou bleues.

Dans l'ancienne Chine

Curieusement pour un pays où l'écriture est apparue aux alentours du XIVe siècle av. J.-C., la Chine ne possède pas de grands récits mythologiques. Les mythes de l'Antiquité chinoise ne nous sont connus qu'au travers de textes très courts et souvent incomplets.

Une grande inconnue

On sait peu de choses sur la religion antique de la Chine, vaste pays dont les peuples aux traditions très variées commencèrent à se regrouper sous l'autorité d'un souverain, aux alentours du IIIe millénaire av. J.-C. La fouille des sites archéologiques nous renseigne bien sur quelques pratiques religieuses, certains objets nous transmettent les images de dieux, mais aucun texte n'éclaire leur histoire. L'essentiel de ce que nous savons de la mythologie de la Chine est très postérieur à la naissance de sa civilisation.

Vase You (XIe siècle av. J.-C.) figurant un monstre mythique tenant un homme.

Premières traces

Les premiers témoignages écrits datent du VIIIe siècle av. J.-C. : il s'agit de bribes de récits très archaïques, insérées dans les poèmes anonymes du *Shijing*, le plus ancien recueil poétique chinois. D'autres traces apparaissent également dans des chroniques historiques de la même époque. Chaque principauté employait en effet des écrivains chargés de noter les événements se produisant dans leur État, année par année. Outre les faits réels, ces historiens rapportaient les exploits des premiers rois légendaires. Ainsi y trouve-t-on certains mythes.

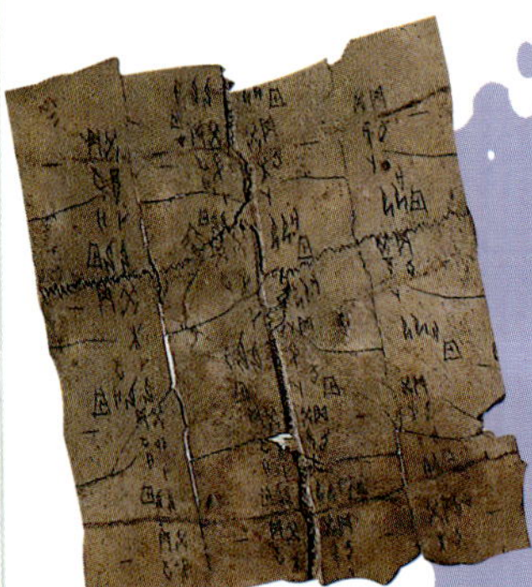

Les tortues parlent

Les plus anciens textes chinois connus sont des questions adressées aux dieux. On les gravait sur des carapaces de tortues que l'on exposait ensuite au feu. On interprétait les craquelures comme autant de réponses divines.

Chroniqueur au travail.

Confucius est le nom latin donné par des missionnaires chrétiens à Kong zi (551-479 av. J.-C.).

La voix des philosophes

Un peu plus tard apparurent les premiers philosophes. En proposant leur vision du monde, ces sages évoquèrent les mythes anciens. Certains, pour appuyer leurs idées, tels les taoïstes, disciples de Lao zi. D'autres, pour contester ces récits archaïques, comme les confucianistes, adeptes de Confucius, parce qu'ils ne croyaient pas aux esprits surnaturels consacrés par la religion populaire. Dans tous les cas, les mythes qu'ils citent sont extrêmement brefs.

Victimes de la censure

Après la fondation de l'empire chinois, en 221 av. J.-C., on tenta pour la première fois de réunir et d'unifier les différentes traditions mythologiques du pays. D'énormes recueils virent le jour, mêlant aussi bien des biographies d'hommes célèbres que des récits de tradition orale racontant les premiers temps du monde. Malheureusement pour nous, sous la pression des lettrés confucianistes, tous les récits qui apparaissaient comme des superstitions furent peu à peu éliminés de la littérature officielle. Seules de brèves histoires ont été maintenues dans des textes jugés "sérieux", tels que des traités de géographie ou des manuels médicaux.

L'enseignement de Confucius

Considéré comme le sage le plus célèbre de l'Antiquité, sa pensée a imprégné toute la culture chinoise. Il préconisait le respect envers ses parents, le culte des ancêtres, la nécessité de se cultiver et l'application stricte des rites. Sa pensée a été transcrite par ses disciples dans des *Entretiens*.

Le *Mythe du bouvier et de la tisserande* raconte comment ces deux amants furent transformés en constellations par l'Impératrice céleste, jalouse de leur amour. Depuis, ils ne peuvent se rejoindre qu'une fois par an sur un pont d'hirondelles.

Toujours vivants

Beaucoup de ces mythes ont cependant survécu dans la tradition orale, à la campagne, ou sous la forme de romans, de pièces de théâtre, d'opéras ou de poésies. Tel est le cas du *Mythe du bouvier et de la tisserande* (*voir ci-contre*) dont il ne reste que quelques lignes qui ont inspiré une légende très populaire. C'est aujourd'hui un conte traditionnel pour enfants. Les mythes anciens constituent ainsi une source d'inspiration inépuisable pour les hommes de lettres.

Les soubresauts du monde

S'inspirant de croyances populaires, des savants, regroupés autour du philosophe taoïste Huainan zi, mirent au point au IIe siècle av. J.-C. une théorie de la Création. Selon eux, c'est une énergie, le *dao*, qui créa les premières formes et les premières matières, ou essences.

Lao zi, fondateur du taoïsme.

Chaos et naissance des formes par un artiste chinois contemporain, Zao Wou-Ki.

Le monde prend forme

Lorsque le ciel et la terre n'étaient pas encore formés, tout était vaste et immense, caverneux et informe. C'était le Grand Commencement. Le *dao* finit par engendrer des immensités vides ; celles-ci donnèrent naissance à l'espace et au temps, lesquels engendrèrent les souffles, qui eurent bientôt des contours. Ce qui était léger et limpide se dispersa pour constituer le ciel ; ce qui était lourd et boueux s'aggloméra pour former la terre. Les essences du ciel et de la terre constituèrent le *yin* et le *yang*, qui à leur tour donnèrent naissance aux quatre saisons dont sont issus tous les êtres vivants. Les souffles chauds du *yang* engendrèrent le feu qui produisit le soleil. Les souffles froids du *yin* formèrent l'eau et les essences de l'eau, la lune. Ainsi naquirent les astres.

Le rapiéçage du ciel

Après ce cataclysme, les neuf continents formant le monde se disloquèrent ; inondations et incendies ravagèrent la terre. Ce fut le chaos : les bêtes féroces dévoraient les hommes, les oiseaux de proie emportaient les vieillards. Alors, la déesse Nügua, la sœur du souverain Fuxi, créateur du monde dans certains mythes, décida d'intervenir et colmata les brèches du ciel en fondant des minerais de toutes les couleurs. Elle amputa une grande tortue de ses pattes pour dresser quatre nouvelles colonnes sous le ciel, tua le dragon noir pour délivrer la Chine et entassa des cendres de roseau pour arrêter les eaux. Le ciel devint rond et la terre carrée.

Le ciel et la terre basculent !

Le monde à peine formé, deux personnages – le rebelle Gonggong et l'empereur divin Zhuanxu – s'en disputèrent le contrôle. Dans un moment de colère, Gonggong frappa le mont Buzhou, une montagne qui soutenait le ciel au-dessus de la terre. Le mont se brisa et le ciel s'inclina vers le nord-ouest ; le soleil, la lune et les astres en furent déplacés. La terre bascula vers le sud-est et les eaux se mirent à couler dans cette direction. C'est depuis ce temps que tous les fleuves de Chine coulent vers la mer et que les astres semblent, dans l'hémisphère Nord, se déplacer vers le nord-ouest.

Tortue soutenant une stèle. Par sa fonction, cet objet rappelle le rôle mythique de cet animal dont les pattes servirent de colonnes au monde.

La déesse Nügua est souvent représentée avec un corps de serpent.

Le yin et le yang

Le *yin* et le *yang* constituent deux forces opposées mais complémentaires.
Le *yin* correspond au féminin, à la mort, à l'obscurité ; le *yang* renvoie au masculin, à la vie, à la lumière. Leur réunion forme le *dao*, le moteur qui anime les êtres vivants.

Symbole du *yin* et du *yang*.

Yi, le nom des héros

Yi l'Archer est le plus grand héros mythologique de l'Antiquité chinoise. Comme Héraclès chez les Grecs, il a accompli de nombreux exploits pour le bien de l'humanité, sous le règne d'un des premiers empereurs mythiques, Yao.

Yi et les dix soleils

À l'époque de Yao, dix soleils se levèrent le même jour dans le ciel. Ils brûlèrent les plantes, les hommes et les animaux. L'empereur, effrayé, fit appel à Yi l'Archer pour qu'il élimine les soleils en surnombre. Ce n'était pas normal, en effet, que tous surgissent simultanément ! Yi tourna son arc vers le ciel brûlant et abattit neuf des dix soleils. Les corbeaux qui se trouvaient en chacun d'eux furent ainsi transpercés et tombèrent sur le sol. Ils perdirent leurs plumes, lesquelles formèrent un monticule dit “ mont des Plumes ”. Depuis, un seul soleil brille et, lorsque la lumière du crépuscule le permet, on aperçoit encore sur son flanc le corbeau survivant.

Des ennemis monstrueux

Mais d'autres maux surgirent : le monstre Yayu, le féroce Dents-pointues, l'hydre à neuf têtes, le mauvais génie Tornade, un sanglier géant et un immense serpent terrorisèrent tout le pays. À nouveau, le sage empereur Yao envoya Yi l'Archer les éliminer. Celui-ci abattit l'hydre à neuf têtes sur la rive de la rivière funeste, décocha une flèche contre le vent mauvais au lac de la Colline Verte, tua le Yayu et le serpent au bord du grand lac Dongting et élimina le sanglier géant dans la forêt des Mûriers. On rapporte même qu'il transperça l'œil du dieu du fleuve Jaune pour le punir des inondations désastreuses qu'il infligeait aux hommes.

La quête de l'immortalité

Yi et sa femme, Chang'e, craignaient de devoir aller sous terre après leur mort. Or Yi apprit que Ximangmu, la reine mère de l'Occident qui régnait sur la terre des morts et sur les destinées humaines, possédait une drogue d'immortalité. La déesse reçut le héros et accepta de lui remettre une gourde contenant la fameuse potion. Mais, à son retour, sa femme la lui déroba et but tout le breuvage. Craignant la colère de son mari, elle alla se réfugier sur la lune, où elle habite désormais, condamnée à la solitude. Les soirs de pleine lune, on peut distinguer sur l'astre la silhouette de Chang'e et celle d'un lièvre qui pile dans un mortier la drogue d'immortalité.

La mort du héros

Yi l'Archer avait un disciple très ambitieux du nom de Fengmeng. Lorsqu'il eut entièrement assimilé l'art de son maître, le jeune homme décida de l'éliminer pour n'avoir aucun rival. Il lui tendit donc un piège et le transperça de ses flèches. Après sa mort, Yi fut honoré comme une divinité capable d'écarter les épidémies car il avait éliminé les calamités du monde de son vivant.

Yi Yin, un héros cuisinier

Yi Yin est l'autre grand héros de la mythologie chinoise. Il fut trouvé dans le tronc d'un mûrier creux et confié au cuisinier d'un prince. Une enquête révéla que sa mère, enceinte, obéissant à un songe, avait fui son village ; en se retournant une dernière fois pour voir les maisons, malgré l'interdiction qu'il lui en avait été faite, elle vit qu'elles étaient englouties par les eaux. Aussitôt, elle se transforma en mûrier creux. Yi Yin grandit à la cour et devint un excellent cuisinier. Lors d'un banquet, il se fit remarquer du roi Tang qui le nomma Premier ministre ! C'est ainsi que Yi Yin aida son souverain à fonder la dynastie des Shang (XVIIIe siècle av. J.-C.).

Chasseurs de démons

Les démons hantaient la vie des anciens Chinois. Pour se débarrasser de ces mauvais esprits – des morts dont le culte avait été négligé –, on honorait certaines divinités, tels Shentu et Yulü, des dieux domestiques cités dans un recueil du IIe siècle, le *Fengsu tongyi*.

Les dieux des portes

Dans la haute Antiquité, les Chinois faisaient des offrandes à ces deux frères, les dieux des portes. Shentu et Yulü, dit-on, avaient été envoyés ici-bas par l'empereur du Ciel pour garder la porte des esprits et des fantômes. Ils s'étaient installés sur le mont Dushuo, où poussait un gigantesque pêcher. À l'ouest de cet arbre se trouvait une vaste grotte par où les démons entraient et sortaient. Chaque matin, Shentu et Yulü inspectaient les esprits qui rentraient de leurs visites sur terre. Ils attachaient avec des liens en roseaux ceux qui avaient injustement déclenché des malheurs ou des souffrances et les donnaient en pâture à des tigres. C'est pour cette raison que le dernier jour de l'an, les gens préparaient des statuettes en bois de pêcher, suspendaient des cordes de roseaux et peignaient des tigres sur leurs portes dans l'espoir que cela les protégerait du malheur.

Des portes bien gardées

Avec le temps, Shentu et Yulü furent remplacés par deux généraux qui aidèrent Li Shimin à fonder la dynastie Tang (618-907). Un nouveau mythe remplaça l'ancien et désormais, au nouvel an, on colla sur les battants extérieurs des maisons l'image de deux guerriers.

Un cauchemar impérial

L'autre ennemi juré des mauvais génies s'appelle Zhongkui. Le plus ancien témoignage de son culte date de l'époque des Tang (618 à 907). L'empereur Minghuang, dit le mythe, souffrait de la malaria. Un soir, il vit en rêve deux démons : l'un grand, l'autre petit. Le petit portait un vêtement rouge vif et avait un mufle de veau. Il n'avait qu'un seul pied chaussé et sautillait sur son pied nu. Il s'empara d'un sachet à parfums et de la flûte de jade de l'empereur, puis tourna en tous sens dans le palais afin de s'enfuir. Le grand démon était vêtu d'une robe bleue de dignitaire et chaussé de bottes de fonctionnaire. Il se saisit du petit démon et lui arracha un œil qu'il goba. L'empereur lui demanda qui il était. « Votre serviteur se nomme Zhongkui, répondit l'autre. J'ai fait serment d'éloigner de Votre Majesté tous les spectres et toutes les monstruosités de ce monde. »

Le nouvel an

Pour chasser les mauvais esprits, les Chinois, aujourd'hui encore, placent devant l'entrée de leur maison des panneaux qui dévient les démons (ceux-ci n'avancent qu'en ligne droite), collent sur leurs portes des bandes de papier rouge – couleur porte-bonheur – sur lesquelles sont inscrits des vœux et dessinent des tigres. Pour effrayer les revenants, on fait éclater des pétards et l'on place une branche de pêcher en fleur devant l'autel des ancêtres.

Zhongkui, l'exorciste

En s'éveillant, l'empereur constata que sa fièvre était tombée. Alors, il convoqua le peintre Wu Daozi et lui demanda de peindre le portrait de ce chasseur de démons et de l'accrocher au palais. Le résultat fut si ressemblant que le souverain fit proclamer dans tout l'empire qu'à la fin de chaque année, on devrait désormais peindre le portrait de Zhongkui pour chasser maladies et démons. Au XVIIIe siècle, cette coutume se déplaça au cinquième mois de l'année, pour la fête des Cinq Poisons durant laquelle les Chinois pourchassaient tous les insectes venimeux.

Zhongkui attrapant un démon. Les Japonais l'honorent aussi sous le nom de Shoki.

Contremarque des messagers de l'empereur en forme de tigre (220-580 ap. J.-C.).

Au Japon

Vers 700 av. J.-C., les empereurs japonais ont fait mettre par écrit les mythes japonais sur leur origine et celle du monde.

Un long oubli

Les empereurs voyaient dans ces récits traditionnels un moyen d'affirmer leur pouvoir vis-à-vis des grandes familles japonaises et de la Chine. Mais ils ont également favorisé le bouddhisme et la pensée chinoise qui s'imposèrent en quelques siècles, apportant des réponses à la plupart des questions religieuses. Les mythes anciens furent alors délaissés. Jusqu'à ce que deux textes soient réhabilités au XVIIIe siècle : les *Récits des temps anciens* et les *Annales de l'histoire du Japon*.

Le premier couple à l'œuvre

Ces mythes racontent comment, sept générations de dieux après le commencement du monde, Izanaki et sa compagne Izanami entrent en scène. Aussitôt nés, l'assemblée des dieux les charge de consolider le monde flottant d'en bas. Pour accomplir leur mission, on leur confie une grande lance sertie de joyaux. Ils s'avancent sur un pont de nuages et plongent la lance dans la mer. Quand ils la relèvent, des gouttes de sel tombent et forment l'île d'Onogoro. Izanaki et Izanami s'y installent et donnent naissance aux huit grandes îles du Japon et à bien d'autres dieux. Le dernier est Hi no kagutsuchi, le dieu du feu, qui brûle gravement sa mère en naissant. Se sentant mourir, Izanami se retire dans le pays souterrain de Yomi.

Voyage aux enfers

Izanaki part à sa recherche au Pays des Ténèbres. Lorsqu'il retrouve sa femme, celle-ci lui recommande de ne pas chercher à la voir tant qu'elle n'a pas consulté les dieux du Yomi. Mais, impatient, Izanaki la regarde et découvre, horrifié, son corps couvert de vers. Furieuse, Izanami le fait poursuivre par de redoutables furies (*ci-contre*), auxquelles il échappe de justesse.

La malédiction d'Izanami

Lorsqu'il franchit enfin la frontière des ténèbres, Izanaki s'empresse de boucher le passage avec une pierre si lourde que seuls mille hommes pourront la déplacer. Izanami s'écrie alors : « Mon très cher seigneur, j'étranglerai chaque jour mille personnes de ton pays. » Izanaki lui répond : « Ma très chère épouse, chaque jour, je dresserai mille cinq cents cabanes d'accouchement. » Depuis, mille personnes meurent et mille cinq cents naissent chaque jour...

Un bain purificateur

Souillé par son séjour au Pays des Ténèbres, Izanaki se débarrasse de ses vêtements et se lave dans la mer. De son œil gauche naît Amaterasu la Radieuse qui régnera sur la Haute Plaine Céleste (le ciel) ; de son œil droit naît le dieu-lune qui gouvernera la nuit ; de son nez naît l'Homme de Susa qui régnera sur l'océan.

L'Homme de Susa

Ce dernier décide d'aller saluer sa sœur Amaterasu avant de gagner l'océan. Méfiante, la déesse s'empare de son arc. Son frère proteste de ses bonnes intentions et fabrique cinq dieux qu'il offre à sa sœur ; ce seront ses fils. Puis, tout fier, il s'en va et commet mille méfaits ; il finit par provoquer la mort d'une tisserande en précipitant un cheval écorché à travers le toit de son pavillon. Effrayée, Amaterasu s'enferme dans la Caverne céleste, plongeant le monde dans les ténèbres.

Le retour à la normale

Les huit cents myriades de dieux, les *kami*, se réunissent en catastrophe pour trouver une solution. Ils rassemblent des coqs pour les faire chanter et ramener le soleil. En vain. Alors Uzume la Bien Coiffée entre en transe et se met à danser. Elle découvre sa poitrine, puis baisse le cordon de sa jupe. Tous les *kami* se mettent à rire. Intriguée, Amaterasu entrouvre la porte. On la saisit aussitôt par la main et on la tire dehors. Quant à l'Homme de Susa, il est expulsé sans façon de la Haute Plaine Céleste.

Les dieux descendent sur terre

En ces temps éloignés, le Japon est l'objet d'un désordre sans nom : herbes, arbres et rochers parlent dans la plus grande cacophonie. Amaterasu la Radieuse désigne l'un des cinq fils que lui a donnés l'Homme de Susa pour y remettre de l'ordre.

Le Petit-Fils Céleste

Mais, au moment de descendre, ce fils a un enfant. C'est finalement lui qu'on envoie sur terre. *Ame nikishi kuni nikishi amatsu hi taka hiko ho no ninigi no mikoto* ("Son altesse aux rouges épis, fils du soleil, haut dans le ciel, familier du ciel, familier de la terre"), tel est son nom ! Sur terre, il rencontre une belle jeune fille, Konohana, la "Princesse en Fleur", et veut l'épouser. Son père, le Grand Dieu de la Montagne, accepte à condition que le jeune homme prenne aussi la sœur aînée, Iwanaga, la "Princesse Roche Vieille". Mais, la trouvant fort laide, Ho no ninigi, le Petit-Fils Céleste, la renvoie. Depuis, la vie des hommes est aussi brève que celle des fleurs…

Un trésor venu du ciel

En venant sur terre, Ho no ninigi amena avec lui un miroir céleste, l'épée que l'Homme de Susa trouva dans la queue d'un dragon, la lance du couple primitif et un joyau. C'est le trésor impérial japonais.

Une preuve radicale

Le lendemain même de sa nuit de noces, Konohana annonce à son mari qu'elle est enceinte. Ho no ninigi ne la croit pas. Pour prouver que les enfants qu'elle porte sont bien ceux de son époux, le "seigneur aux rouges épis", la princesse construit une maison sans aucune ouverture et s'y enferme. Au moment d'accoucher, elle y met le feu et enfante au milieu des flammes Hoderi ("Feu rayonnant"), puis Hosuseri ("Feu qui progresse") et enfin Hoori ("Feu qui faiblit"). Tous trois sortent indemnes.

Hoori au pays du Roi de la Mer

Un jour, Hoori, le cadet, échange par jeu son arc et ses flèches contre l'hameçon de son aîné. Mais, tandis qu'il pêche, un poisson avale l'hameçon. Hoderi oblige son frère à le retrouver. Sur le conseil d'un vieil homme, Hoori se rend au pays du Roi de la Mer où il rencontre Toyotama, la "Princesse Perle d'Abondance". Il oublie sa mission et vit trois années de bonheur avec elle. Lorsque enfin l'envie de revoir son pays prend Hoori, le Roi de la Mer convoque tous les poissons pour retrouver celui qui a avalé l'hameçon. Le coupable est une daurade. Puis, en cadeau d'adieu, le souverain remet à Hoori deux joyaux magiques : l'un commande à la marée haute, l'autre à la marée basse. Hoori regagne la terre, escorté par des requins.

Le cadet l'emporte

À son retour, Hoori rend l'hameçon à son frère. Mais, devenu le maître de l'eau grâce aux joyaux, il prospère, alors que son aîné s'appauvrit. Plein de rancune, Hoderi l'attaque. Hoori sort aussitôt de son sac le "Joyau qui gonfle le flux". L'aîné, sur le point d'être noyé, demande grâce ; il promet que lui et ses descendants serviront désormais Hoori.

Trop curieux !

Lorsque Hoori l'a quittée, la belle Toyotama attendait un enfant. Quelques jours avant l'accouchement, elle rejoint son époux et lui demande de bâtir un pavillon où se retirer. Hoori se met au travail et construit une cabane avec des plumes de cormoran. Mais il ne peut l'achever car Toyotama est prise de douleurs avant son terme. Elle supplie alors son mari de ne pas la regarder. Hoori ne peut s'en empêcher et découvre avec horreur un monstre marin qui rampe sur le sol. Honteuse d'avoir été surprise sous son véritable aspect, Toyotama s'enfuit, abandonnant son fils nouveau-né, le "Prince du Toit Inachevé de Cormoran". Mais elle envoie sa sœur, Tamayori hime, s'occuper de l'enfant.

Le temps des empereurs

Le fils de Hoori se marie avec sa tante. À leur tour, ils ont quatre fils. Le plus jeune, Iware biko, considéré comme le premier empereur humain du Japon, décide avec son frère aîné de quitter leur province natale pour conquérir l'est du Japon, le Yamato.

Ils commencent par traverser la mer Intérieure. Mais, arrivés tout près de leur but, la plaine de Yamato, les voilà repoussés par des dieux insoumis et sauvages. Itsuse, l'aîné, meurt au combat. Iware biko entreprend alors un grand détour et s'aventure dans les montagnes de Kumano. Les dieux hostiles font surgir devant lui un ours immense dont la seule vision fait s'évanouir d'effroi le jeune prince et toute son armée. Amaterasu la Radieuse se demande quoi faire pour sauver ses enfants. Sur les conseils d'un *kami*, elle envoie un certain Takakuraji déposer une épée près d'Iware biko. Celui-ci se réveille alors comme par enchantement et s'exclame : « Comme j'ai dormi longtemps ! » Puis, saisissant l'épée, il tranche et découpe en morceaux tous

Des aïeuls célestes

Iware biko est, selon les mythes, le premier souverain humain du Japon, connu sous le nom d'empereur Jinmu ("Guerrier divin"). Les empereurs japonais seraient ses descendants et donc les petits-fils de la grande déesse Amaterasu. On dit qu'Iware biko construisit son palais en 660 av. J.-C. Mais c'est historiquement impossible, car les Japonais n'étaient alors que des chasseurs et des pêcheurs nomades. On ignore quand apparut le premier État japonais. Des documents chinois parlent d'une confédération de royaumes vers le milieu du IIIe siècle ap. J.-C., dirigée par une femme. On sait aussi que la province de Yamato étendit son influence sur une grande partie de l'archipel, dès le Ve siècle.

les dieux insoumis de l'endroit. Les divinités célestes lui envoient ensuite un corbeau pour le guider. En chemin, son armée rencontre les Quatre-vingts Vaillants, des araignées de terre gigantesques, dotées d'une longue queue. Sur les ordres d'Iware biko, les soldats offrent aux monstres un festin. Chaque araignée reçoit un plateau de nourriture. Derrière chacune d'elles se tient un *Kume*, un membre de la garde du prince. Au cours du repas, les *Kume* se mettent soudain à chanter. C'est le signal. Les soldats se jettent tous ensemble sur les monstres et les exterminent. La voie vers la province de Yamato est désormais libre. Vainqueur, le prince Iware biko s'installe dans le palais de Kashiwara, au pied du mont Unebi. De là, il gouverne le monde.

Les héros du Levant

L'empereur Tenmu, à qui l'on doit les premiers récits historiques du Japon, avait conquis le pouvoir par la force des armes. Aussi les mythes vantent-ils souvent les exploits de féroces guerriers.

Un cadet redoutable

En ce temps-là, l'empereur avait deux fils. L'aîné, Ô.usu, refusait de se rendre au palais. Aussi l'empereur envoya-t-il son jeune frère, Wo.usu, le chercher. Le cadet prit son frère par surprise, lui arracha les bras et les jambes et jeta son cadavre dans la rivière. Effrayé par tant de violence, l'empereur envoya son fils pacifier une région hostile dans l'île de l'Ouest. En arrivant, Wo.usu apprend que les seigneurs rebelles, appelés les deux Braves des Kumaso, préparent un banquet. Il se déguise en fille et cache son épée dans un sac. Puis il se mêle aux femmes de l'endroit. Les deux Braves des Kumaso, le trouvant joli, le font asseoir auprès d'eux. Au milieu de la fête, Wo.usu tire son épée du sac et, saisissant le premier des Kumaso par le col, lui enfonce son arme dans la poitrine. Le second cherche à s'enfuir par le toit. Wo.usu le rattrape et lui plante son épée dans le dos. En expirant, le Kumaso lui dit qu'étant le plus brave des trois, il devrait dorénavant s'appeler le Brave de Yamato.

La mort du Brave de Yamato

Son père l'envoie ensuite à l'est du Japon. Pour s'en débarrasser, un gouverneur lui dit qu'un dieu hostile a son repaire au milieu d'une lande. Le Brave de Yamato s'y précipite. Lorsqu'il est bien avancé, le gouverneur met le feu aux herbes. Cerné par les flammes, le Brave de Yamato sort son épée et coupe la végétation autour de lui. Il réussit à se sauver et, en représailles, tue le gouverneur. Sur le chemin du retour, tandis qu'il tente l'ascension d'une montagne, il aperçoit un sanglier blanc. Il projette aussitôt de le tuer lorsqu'il redescendra. Or l'animal n'est autre que le dieu de la montagne qui, furieux d'être dérangé, envoie sur le Brave de Yamato une pluie glacée. Le héros tombe malade. Il parvient avec peine jusqu'à la lande de Nobo et là, meurt en chantant la beauté de son pays natal. On dit qu'un bel oiseau blanc s'envola de sa tombe vers le Yamato.

Oke et Woke, deux princes exilés

Un autre mythe raconte que le fils d'un empereur fut assassiné par un de ses frères. Les deux garçons du malheureux, Oke et Woke, se réfugièrent dans une lointaine province où ils s'engagèrent comme domestiques. Quelques années plus tard, le fils du meurtrier finit par mourir sans enfant. On se mit à chercher partout de lointains héritiers.

La poésie avant les armes

Les guerriers japonais sont très célèbres. Mais les samouraïs que nous connaissons ne sont apparus en réalité qu'à la fin du XIIe siècle. Auparavant, la société était dominée par une cour de nobles qui s'intéressaient beaucoup plus aux poèmes qu'aux sabres et aux batailles.

À qui l'honneur ?

Un jour, le gouverneur de la province où vivaient les deux jeunes princes fut invité dans la maison de leur maître. La fête battait son plein. Oke et Woke entretenaient le feu du foyer quand on leur demanda de danser. Aucun des deux ne voulait être le premier. Finalement, l'aîné se lança ; quand vint le tour du cadet, il se mit à entonner un chant où il se présentait comme le fils du prince assassiné. L'assistance fut stupéfaite. On les ramena aussitôt à la capitale. Mais, quand il fut question de savoir lequel des deux régnerait, ils recommencèrent à se disputer, chacun désirant laisser l'autre monter sur le trône. Ce fut, pour finir, le cadet qui gouverna le premier. Lorsqu'il mourut sans enfant, son frère lui succéda.

Avantage pour les cadets

Dans les mythes japonais, les frères se disputent beaucoup. Souvent pour avoir le dessus, comme Ô.usu et Wo.usu ou Hoderi et Hoori, mais aussi pour laisser à l'autre les honneurs. Dans les deux cas de figure, c'est le cadet qui finit toujours par l'emporter.

Danseur japonais (XVIIe siècle).

L'Afrique

Sur le continent africain, la nature est capricieuse et inquiétante : face à la sécheresse et aux pluies diluviennes ou devant les animaux féroces de la brousse, la vie humaine est bien fragile. Pour survivre, les hommes ont cherché à apprivoiser ces forces en communiquant avec les innombrables dieux ou esprits invisibles qui les commandent. Chaque ethnie a les siens, mais toutes considèrent que ces divinités se placent sous l'autorité d'un dieu créateur unique qui s'est retiré, une fois le monde créé. Pour comprendre cette façon de penser si éloignée de la nôtre, intéressons-nous à la mythologie d'un peuple : les Yoruba.

Chez les Yoruba

Les Yoruba, un groupe de neuf millions de personnes implanté au Nigeria et au Bénin, sont les héritiers de l'une des civilisations les plus anciennes d'Afrique.

Une civilisation très brillante

Le territoire des Yoruba était autrefois organisé en cités-États – les premières apparurent entre 800 et 1000 ap. J.-C. – qui reconnaissaient l'autorité de la ville d'Ife, tenue pour être le lieu de la création du monde. Tous les Yoruba se disent *omo Oduduwa*, " enfants d'Oduduwa ", le premier roi d'Ife. Ce souverain et ses descendants étaient considérés comme sacrés. Ils vivaient retirés dans leur palais et gouvernaient avec l'assistance d'un conseil de chefs. On a retrouvé au début du siècle de somptueuses têtes en terre cuite et en bronze des XIIe-XVe siècles ap. J.-C. qui représentent sans doute ces puissants personnages.

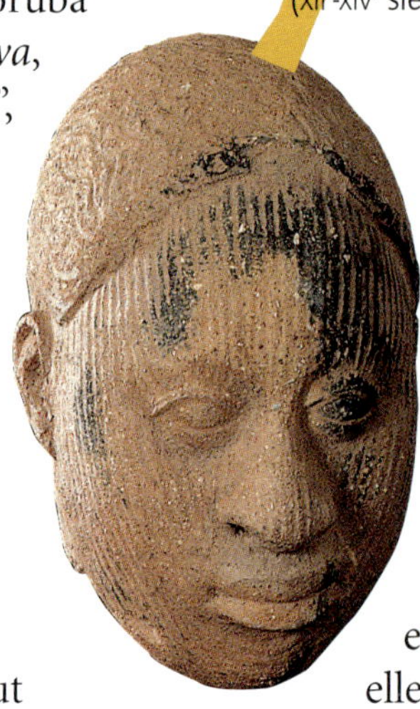

Tête d'un notable d'Ife (XIIe-XIVe siècle).

L'influence yoruba aujourd'hui

Entre le XVIe et le XIXe siècle, du fait du commerce des esclaves, ce peuple a été dispersé sur tout le continent américain (Brésil, Cuba, Haïti, Trinidad et États-Unis). Les communautés afro-américaines – en particulier au Brésil, autour de Salvador de Bahia – ont conservé nombre de ses traditions et croyances même si, pour les maintenir, elles ont souvent dû donner aux divinités yoruba, les *orisha*, le nom et l'aspect de saints chrétiens. En Afrique, bien qu'ayant été influencée par l'islam depuis longtemps et par le christianisme à partir de la fin du XIXe siècle, cette vision du monde reste encore très vivante.

Une nature animée

Traditionnellement, les Yoruba, comme beaucoup d'Africains, considèrent que tous les éléments de la Création sont parcourus par une étincelle divine. Terre, pierres, plantes, animaux, tous sont habités par des esprits et des génies, tantôt bienveillants, tantôt malveillants, que l'homme craint ou vénère. Pour s'attirer leurs bonnes grâces, on pratique des rites, des sacrifices et on s'adresse à eux d'une certaine façon. Vers l'adolescence, on apprend donc aux hommes et aux femmes, lors de cérémonies secrètes, les gestes et les paroles qui permettent de ne pas offenser ces puissances invisibles. Les anciens transmettent ce savoir grâce aux proverbes et à la poésie.

De bouche à oreille

Les histoires des dieux et des ancêtres, la généalogie des rois ou les exploits des grands héros sont également transmis oralement. Des conteurs, comme les griots en Afrique de l'Ouest, les historiens des cours royales ou, chez les Yoruba, les prêtres d'Ifa (le dieu de la divination), sont les gardiens de cette mémoire et ont pour tâche d'instruire leurs concitoyens. Ils chantent ou déclament ces récits traditionnels en s'accompagnant de musique.

Des fantômes parmi nous

Chez les Yoruba, *Ayé*, le monde des hommes, s'oppose à la sauvagerie de la brousse où vivent les animaux mais aussi les fantômes. Car les esprits des morts restent sur terre avant de monter au ciel pour intégrer un nouveau corps ou se transformer en esprits de la terre. Seuls les plus valeureux d'entre eux deviennent des ancêtres très respectés, les *egungun*.

Et le monde fut créé

Toutes les versions du mythe yoruba de la Création s'accordent sur le fait qu'Olorun, "celui qui possède le ciel", décida un beau jour de créer le monde.

Tout est dans le sac

Au temps des origines, la terre n'existait pas. Sous le ciel s'étendait une mer immense. Olorun convoqua un jour toutes les divinités secondaires, les *orisha*, et leur annonça qu'il avait l'intention de créer la terre. Il donna à l'un d'eux, Obatala, appelé aussi le "dieu immense", le sac de la Création qui contenait la terre et tous les instruments nécessaires pour réaliser sa mission.

Obatala manque à son devoir

Mais avant de partir, Obatala négligea de faire un sacrifice à Eshu, le gardien de la porte de l'au-delà. Pour se venger, Eshu lui fit éprouver une soif intense. Or, dans sa descente vers l'océan, Obatala rencontra un palmier. Assoiffé, il s'enivra de vin de palme, s'endormit et oublia sa mission...

Oduduwa prend la relève

Oduduwa, un autre *orisha*, s'empara alors du sac. Il y découvrit deux cents pigeons, deux cents poulets, deux cents caméléons et deux cents chaînes qu'il mit bout à bout pour arriver jusqu'à la mer. Il répandit une poignée de terre à la surface de l'eau et demanda aux pigeons d'aller l'étendre, mais ceux-ci n'étaient pas assez rapides. Alors, il sollicita les poulets qui l'éparpillèrent.

Enfin, la terre ferme !
Il fallut ensuite tester la fermeté de cette terre. Les deux cents caméléons furent envoyés en mission. (En Afrique, le caméléon est le symbole de la sagesse et de la prudence.) Ils confirmèrent que la terre était solide et qu'on pouvait marcher dessus. C'est à Ile-Ife, " la terre qui s'est étendue ", qu'Oduduwa posa le premier un pied sur la terre ferme. À partir de ce point, la terre s'étira et recouvrit les océans.

Obatala se rattrape
Olorun confia alors à Obatala une noix de palme d'où sortit l'arbre originel à seize branches, image des seize premiers royaumes yoruba.
Mais il lui interdit sévèrement, en souvenir de son ivresse passée, de boire désormais du vin de cet arbre. Puis il le chargea de mouler les corps humains auxquels il insuffla la vie. Ainsi naquit l'humanité.

Olorun, le lointain

Olorun sait tout et sa puissance est infinie. Mais il se tient loin des hommes. Pour leur parler, il préfère envoyer ses *orisha*. Aussi les Yoruba ne lui rendent-ils aucun culte et ils ne cherchent pas à le représenter. Le ciel, *Orun*, est son royaume où vivent toutes les créatures invisibles : les *orisha*, les esprits de la terre, les ancêtres, mais aussi le double de chaque être vivant et celui des hommes à venir.

Les orisha, des dieux secondaires

Un grand nombre de mythes racontent comment les dieux ont acquis ou exercé leurs pouvoirs. Tous ont connu une existence humaine et terrestre, comparable à la nôtre. Car selon les Yoruba, l'individu, après sa mort, se transforme soit en esprit, soit en ancêtre ou, encore mieux, en *orisha*.

Obatala, « le roi au pagne blanc »

Durant sa vie terrestre, Obatala possédait un esclave qui lui demanda un jour un lopin de terre à cultiver ; ce qu'il accepta aimablement. Mais cet homme était mauvais et méditait la mort de son maître. Lorsque celui-ci vint lui rendre visite, l'esclave fit basculer une grosse pierre depuis le haut de la colline où était située sa ferme et le visa. Obatala explosa en mille morceaux et l'on dit que c'est à partir de ces éclats que les autres divinités auraient été créées.

Le point faible d'Obatala

Appelé aussi Orisha-nla (“ le grand *orisha* ”), Obatala façonne les corps humains (*voir p. 181*). Mais, en dépit de tous ses efforts, il n'a jamais pu découvrir le secret d'Olorun pour insuffler la vie. Malgré l'interdiction qui lui en a été faite, Obatala ne peut s'empêcher quelquefois de boire du vin de palme, mais l'alcool lui monte aussitôt à la tête. Obatala modèle alors des corps difformes. Les bossus, les infirmes, les albinos sont les fruits de sa faiblesse… Ainsi les Yoruba expliquent-ils les infirmités humaines.

Eshu, le provocateur

Eshu est une divinité très ambiguë, qui s'amuse de ses contradictions. Il aime provoquer des querelles, des malheurs, des accidents. Mais s'il pousse les gens à bout, c'est pour les forcer à ne pas se fier aux apparences ou les amener à se révéler tels qu'ils sont. Sa quête est en fait celle de la vérité. Convenablement honoré, il peut se révéler empressé et serviable. On s'adresse d'ailleurs à lui pour obtenir des richesses matérielles. Eshu comme Ifa (*voir p. 184*) sont indispensables à l'équilibre du monde : l'un apporte la controverse, l'autre l'apaisement. Ils se complètent parfaitement.

Blanc comme Obatala

Le blanc, symbole de pureté, est la couleur d'Obatala. Ses adeptes doivent mener une vie aussi pure que l'eau puisée au matin. Lorsqu'il adopte une forme animale, ce dieu prend l'aspect d'un python ou d'un éléphant… blancs.

La vérité n'est jamais simple

Eshu est un dieu que l'on rencontre souvent aux carrefours. Un jour, dit-on, il s'était placé à un croisement et portait un bonnet rouge d'un côté et blanc de l'autre. Deux voisins qui travaillaient dans leurs champs contigus se disputèrent violemment à son sujet, l'un soutenant qu'il portait un bonnet rouge, l'autre affirmant que sa coiffe était blanche. Ils en vinrent aux mains et s'entre-tuèrent, chacun étant convaincu d'avoir raison. Tel est le genre de mauvais tour qu'Eshu s'amuse à jouer aux hommes pour leur démontrer que la vérité possède toujours plusieurs facettes.

Bâton sculpté porté par les fidèles d'Eshu.

Ifa, dieu des destinées

Ifa-Orunmila est un *orisha* très important : il connaît le passé, le présent et le futur. Lui seul sait quel sera l'avenir de chaque homme et peut éventuellement l'infléchir. Ses prêtres, les *babalawo*, les " pères du secret ", pratiquent ainsi l'art de la divination.

Pour les Yoruba, la mort n'est jamais définitive car l'homme se réincarne continuellement. À chaque nouvelle vie terrestre, nous changeons d'enveloppe et de destinée ; celle-ci se présente sous la forme d'une tête en argile, l'*ori*. Seul Ifa la connaît car il assiste, caché, au moment fatidique où nous choisissons cette " tête intérieure " avant de naître. L'*ori* peut être belle ou, au contraire, abîmée. Une fois choisie, notre destin est inéluctable. On peut tout de même l'infléchir en faisant des sacrifices à Ifa et en consultant son prêtre qui aide les hommes à préserver une bonne destinée ou à en rectifier une mauvaise. Au cours de sa vie terrestre, Ifa était un handicapé et devait mendier pour vivre ; c'était le plus démuni des *orisha*. Un jour,

il croisa Eshu qui lui apprit l'art de la divination et le sortit de sa triste condition. Eshu et Ifa sont, depuis ce temps, d'inséparables amis. Ifa voulut une fois tester l'affection de ses proches et fit courir le bruit de sa mort. Seul Eshu se précipita immédiatement pour venir se lamenter sur le corps de son ami. En souvenir de cette preuve d'amitié, le *babalawo* doit faire un sacrifice à Eshu avant chaque séance de divination. Le savoir d'Ifa est transmis oralement sous forme de formules qui traitent toutes les situations de l'existence (maladie, mort, mariage, etc.). Chaque verset correspond à une figure réalisée avec seize noix de palme que le prêtre jette sur le sol après avoir interrogé le fidèle. Ces figures apportent la réponse d'Ifa et indiquent la voie à suivre.

Les ancêtres divinisés

Certains *orisha* ont été de grands rois. Leurs actes légendaires leur ont permis d'accéder au rang de divinités.

Oduduwa, l'ancêtre fondateur

Oduduwa, qui dans certains mythes participe à la création du monde, apparaît dans d'autres versions comme l'ancêtre historique des rois yoruba. Fils du roi de La Mecque, Lamurudu, Oduduwa s'opposa à la conquête islamique mais fut contraint d'émigrer après le décès de son père et la victoire des musulmans. Son exode dura trois mois et l'amena jusqu'à Ile-Ife où il fonda une famille. Ses nombreux enfants, après avoir reçu de ses mains une poignée de terre et une couronne perlée, sont allés fonder les royaumes yoruba considérés aujourd'hui comme les plus anciens (Owo, Ijebu, etc.).

Oranmiyan et le royaume d'Oyo

Le plus jeune fils d'Oduduwa, Oranmiyan, voulut venger son père et monta une expédition pour punir ceux qui l'avaient condamné à l'exil. Une armée de fourmis l'obligea cependant à faire un important détour vers l'ouest jusqu'au pays du roi de Borgu. Ce souverain lui offrit un boa assorti de cette consigne : « Suis le serpent jusqu'à ce qu'il s'arrête et disparaisse sept jours durant. Sur ce lieu, tu fonderas ton propre royaume. » C'est ainsi que fut établi le pays d'Oyo. Finalement, Oranmiyan ne retourna jamais sur la terre de ses ancêtres…

Orisha-Oko, orisha de l'agriculture

Orisha-Oko était le chef d'une ville, Irawo, et vivait dans un palais où rien ne manquait. Un jour, il fit rôtir des ignames qui n'étaient pas encore mûres. Pour le punir de son insatiable gourmandise, la Terre lui infligea une maladie ; il contracta la lèpre. Chassé par ses sujets, Orisha-Oko se réfugia avec sa femme dans une forêt profonde, où ils vécurent difficilement de pêche et de chasse. Sa femme s'aperçut un jour que, là où elle avait jeté des noyaux de fruits, s'élevaient des arbres prolifiques. Elle découvrit ainsi les bases de l'agriculture. Grâce à ses bons soins, son mari guérit et ils purent revenir en ville enseigner leur art. À leur mort, on les déifia.

Shango, l'apprenti sorcier

Élevé par sa mère, Shango, un successeur d'Oranmiyan, détrôna son propre frère jumeau, dont le règne était marqué par la paix et l'amour des arts. Violent et colérique, Shango était au contraire habile dans l'art de la magie. Mais un jour, il lança par mégarde la foudre sur son palais, tuant tous les siens. Pris de remords, le malheureux souverain alla se pendre dans la forêt. Depuis, il se manifeste par la foudre et l'orage. Shango représente dans le panthéon des *orisha* la colère divine. Très épris de justice, il déteste le mensonge.

L'emblème de Shango est une double hache stylisée.

Index

Aataensic 122, 123
Achéens 72
Achéron 52
Achille 55, 73
Actéon 59
Aèdes 41, 42, 43
Agamemnon 59
Aiétès de Colchide 65
aigle 10, 38, 49, 87, 124, 126, 139, 146, 152
Aillén 103
Akkad, Akkadien 26, 34
Albe la Longue 79, 80
Alcinoos 75
Alcmène 66
Aléoutes 110
Alfes 87, 91, 93
Alfheim 87
Algonquin 121
Amaterasu 169, 170, 172
Amazones 67, 69
Amérindiens 109, 113, **120-131**
Amon-Rê 19
Amphitrite 55, 120
Amulius 80
Ananta 152
Anatolie 34, 38
ancêtre 128, 146, 179, 181, 125, 182, 186
Anchise 78, 79
Andromède 64
Angus Óg 99, 105
Annwn 106
Antiopé 69
Anu 12, 29
Anubis 18, 20, 24
Apaches 121
Aphrodite 47, 72
Apocalypse, L' 95
Apollon 47, **56-57**
Apophis 17, 20, 21
Apsu 30
Arawn 99, 100
Arès 47, 50, 66
Argonautes 65
Argos 54
Argus 50
Ariane 68
Arinna 36
Arnaaqtaaqtuq 118
Artémis 47, 56, **59**
Ascagne 78, 79
Asclépios 62
Ases 86, 87, 89, 90, 92
Asgard 87, 92
Assur 29
Assyrie 26, 34
Athéna 45, 48, 55, **58**, 75
Athènes, Athéniens 55, 58
Atoum 17
Atrahasis le Supersage 31
Auberge de Da Derga 107
Audhumla 86
Augias 67
augures 81
aurores boréales 119
Autre Monde, l' 24, 99, 100, 106
avatara 150
Aztèque 132, 134, 138
babalawo 184, 185
Babylone, Babylonien 13, 26, 27, 29, 30
Bacchus 77
Baldur 91
Bastet 20
Bergelmir 86
Bhagavad Gita 151, 159
Bharata 156
Bible, La 13, 95
Bifröst 90, 94
Blackfeet 121
Bodb 98, 107
Borr 86
bouddhisme 168
Bragi 91
Brahma 152, 153, 154
brahmane 150, 153
Brán 99
Brave de Yamato 174
Braves des Kumaso 174
Búri 86
Byblos 23
Cadmos 49
caducée 60
Calcone 36
Calliope 42, 70
Calypso 75
Carcajou 130
Carthage 78
Celtes 83, 85, **96-107**
Centaure 62
Cerbère 45, 52, 70
cérémonie rituelle 8, 10, 11
Cérès 77
cerf 37, 59, 87, 100, 146
Cernunnos 100
Chalchihuitlicue 135
chaman 11, 115, 116, 120, 127
chamanisme 120, 121
Champ des Asphodèles 52
Champs Élysées 53
Chang'e 165
chaos 44, 162
Charon 52
chaudron 97, 98, 99, 107
Cheyennes 121, 124
Chimère 45
Chiron 62
christianisme 121, 178
chullpas 143
Chumash 120
ciel 18, 146, 163, 181
Circé 74, 79
clowns sacrés 131
Clytemnestre 47
Con Tici Viracocha 140
Conaire Mór 105, 107
Conall Cernach 96
Conchobar 102, 104
Confucius 161
Conn 106
Connaught 101
Cora Cora 145
corbeau 88, 104, 112, 123, 164, 173
Coré 50
Corinthe 54
corne d'abondance 99
Coronis 62
création 16, 30, 42, 86, 112, 114, 141, 152, 162, 180
Cree 121
Crète 67, 78
Créüse 78
Cronos 44, 46, 48, 53
CúChulainn 102
Culann 102
Cuzco 141, 142
cycle, cyclique 134, 151
Cycle d'Ulster 96, 97, 98, 102, 104
Cycle de Finn 97, 100, 102, 103
Cycle mythologique 97, 105
Cyclope 44, 46, 55, 74
cygne 47, 56, 99
Dagda 98, 99
Danaé 64
dao 162
Daphné 57
déesses-mères 99
Deirdre 104
Délos 56, 78
Delphes 49, 56
déluge 12, 31, 126, 135, 140
Déméter 44, 45, 47, **51**
démons 29, 153, 154, 155, 166, 167
Dendérah 19
Devaki 158
dharma 151, 152
Diane 77
Didon 78
Diomède 67
Dionysos 47, 54, **61**
divination 81
Douat 17
dragon 30, 36, 65, 87, 163
drekar 85
druide 11, 97, 102, 104
Durga 155
Ea 13, 29, 30
Éaque 52
Echidna 45
Écosse 96, 104
Edda 85, 95
Égée 68
Élam, élamite 26
embaumement 20, 24
empereur 163, 164, 166, 167, 168, 172, 174
Énée 78, 80
Énéide, L' 78
enfers 29, 39, 47, 51, 52, 70, 74, 79, 146, 147
Enki 29
Enkidu 32
Enlil 13, 27, 29
Eochaid 105
Éole 74
Épidaure 63
Epona 99
Erato 42
Érèbe 52
Érinyes 45, 53
Éris la Discorde 72
Esculape 77
Eshu 180, 183, 185
esprit 10, 112, 113, 116, 117, 118, 120, 122, 124, 127, 130, 166, 179, 181, 182
Etaín 105
Étrusque 10, 81
Euphrate 26, 30, 32
Europe 49
Eurydice 70
Eurysthée 66
Faunus 76
Fenrir 92, 93, 94
Fergus 104
feu 49, 126, 127, 135, 168, 170
Fiana 97, 103
figue de Barbarie 138
fin du monde 93, 94, 130
Finn Mac Cumhaill 97, 100, 103
foudre 46, 47, 132, 187
frêne 87
Freyja 91, 92
Freyr 91, 95

Frigg 91
Furies 53, 168
Fuxi 163
Gaia 44, 56
Ganesha 153, 155
Garuda 152
Gaule, Gaulois 84, 96
97, 99
Géant 46, 50, 55, 85, 86, 87, 88, 89, 90, 91, 92, 94, 119, 134
Geb 16, 22
geis, gessa 102, 104
Genèse 13
Germains 83, 84
Géryon 67
Gilgamesh 31, 32, 35
Ginnungagap 86
Gonggong 163
Gorgones 53
Grand-Esprit 126
Grande Ourse 134
Grande-Bretagne 84, 96
Grecs **40-75**
griot 179
guerre, déesse ou dieu de la 36, 98, 146
guerre de Troie 57, 72, 78
Gungnir 88
Hadès 45, 46, 47, 51, 70
Haïda 120, 123
Hannahanna 37, 38
Hanuman 157
harpe 99, 103
Harpies 53
Harpocrate 23
Hathor 19, 22
Hatti 34, 38
Hattusa 34, 36
Hébé 50
Hector 73, 78
Heimdallur 90
Hekatonchires 44
Hel 87, 93
Hélène 47, 72
Héliopolis 16
Hélios 51, 54, 75
Héphaïstos 50, 58
Héra 44, 45, 47, **50**, 54, 72
Héraclès 65, **66-67**, 164
Hermès 47, 52, **60**, 74
héros 53, 64, 68, 70, 74, 88, 102, 130, 136, 142, 164, 179
Hésiode 43
Hespérides 50, 67
Hestia 45
Hi no kagutsuchi 168
Himalaya 153
hindouisme, hindous 150
Hippolyte 63, 69
Hittites 34
Ho no ninigi 170
Hoderi 170
Hödur 91
Holi, fête de 159
Homère 43
Homme de Susa 169, 170
Hoori 170, 171
Horakhty 17
Horus 18, 19, 23, 24, 25
hourrite 35
huaca 142, 143
Huainan zi 162
Huitzilopochtli 138, 139, 146
Humbaba 32
Hvergelmir 87
hydre 45, 66, 164
hydromel 89
Hygie 63
Hyperboréens 56
Idhunn 91
Ifa 179, 183, **184-185**
Ife 178
Iflheim 87
Igigi 31
île des Bienheureux 48
Ile-Ife 181, 186
îles Fortunées 53
Iliade, L' 72
Ilion 72
immortalité 24, 33, 154, 165
Inanna 26, 29
Inara 37
Inca 133, 142, 143, 144
incarnation 150, 152, 156, 158
inframonde 146, 147
interdits 102, 116
Inti 142, 147
inuat 112
Inuit 109, **110-119**
Inupiat 110
Io 50
Iphigénie 59
Irlande, Irlandais 83, 96, 97
Iroquois 121, 127, 128
Ishtar 26, 29, 32
Isis 16, **18**, 22
Islande, Islandais 83, 85
Ithaque 73, 74, 75
Iware biko 172
Izanaki 168
Izanami 168
Janus 76
Jason 65
Jocaste 71
Jörd 90
Jörmungand 86, 87, 93
Jötunheim 87, 94
jouvence 33, 91
jumeaux 56, 123, 131, 187
Junon 77
Jupiter 77, 78, 79
Kal 37
kali 151
kami 169, 172
kamik 117
Kamrusepa 37, 39
Kamsa 158, 159
Kannaaluk 115, 116
katchina 131
kayak 113, 115
Khépri 17
Khnoum 21
Khorsabad 26
kiva 131
Kiviuq 117
Kong zi 161
Konohana 170
kossa 131
Krishna 152, **158-159**
Kume 173
Kvasir 89
Kwakiutl 120, 125
La Déesse 155, 158
labyrinthe 68
Lagash 26
Laïos 71
Lakota 126
Laksmana 156, 157
lama 147
Lanka, île de 157
Lao zi 162
lares 77
Latinus 79
laurier 57
Lavinia 79
Léda 47, 72
Lelwani 37
Lesbos 70
Léto 56
Limades 54
lion 36, 45, 66, 152
Livre des Morts 24
Lleu Llaw Gyffes 98
Loki 91, 92, 94
loup 88, 93, 118
louve 80
Lug 98, 102, 106
lune 29, 112, 122, 140, 142, 162, 165, 169
lyre 43, 57
Mâat 21, 25
Mabon 99, 101
Macha 98, 99
Maeve 101, 103, 104
magicienne 18, 50, 65, 74, 105
Mahabharata 150, 151, 159
Maïa 60
Manannán mac Lir 99
Manco Capac 142, 143
mânes 77
Manou 13
Marduk 29, 30
Mars 77, 80
Marsyas 57
Mathura 158
Mayas 133, 147
Medb 99
Médée 65
Méduse 45, 55
Memphis 19
ménades 61
Ménélas 72
Mercure 77
Mésoamérique 133
Mésopotamie 26
métamorphose 47, 96, 105, 118
Métis 44, 58
Mexico 133, 136, 139
Mexique 132, 133, 136, 137, 138
Midgard 86, 87, 93, 94
Midir 105
Mimir 87
Minerve 77
Minos 52, 63
Mjöllnir 90
Mnémosyne 42, 44
Modron 99
Moires 57
momie 24, 143
Morrigan 98
Muses 42, 57
Múspellsheim 86
Naarjuk 119
Naïade 45, 54, 50
nains 87, 89, 117
Naoise 104
Naui-Atl 135
Naui-Ehecatl 134
Naui-Ocelotl 134
Naui-Quiauitl 135
Nausicaa 75
Navajos 121
Naxos 54
Nephtys 16
Neptune 77
Nérée 54
Néréide 54, 55
Niflheim 86, 87, 92, 93
Ninive 26
Norvégiens 85
Noun 16
Nout 16, 22
Núadu 98
Nügua 163
nymphe 50, 54, 55, 75, 76
Ô.usu 174
Obatala 180, 181, 182
océan 16, 29, 30, 54, 152, 154, 169
océan Pacifique 133, 137
Océanides 54
Odin 86, **88-89**, 92, 94
Oduduwa 180, 181, 186
Odyssée, L' 74, 78
Odysseus 74
Œdipe 71
offrande 10, 54
Oiseau-Tonnerre 10, 124, 125
oiseaux du lac Stymphale 66
Oisín 97, 100, 106
Oke 175
olivier 55

Olorun 180, 181
Olympe 47, 50, 58
omphalos 46
oracle 26, 49, 56, 79
orage, dieu de l' 35, 36, 38
ori 184
Orion 47
orisha 178, 180, 181, 182, 184
Orisha-Oko 187
Orphée 65, **70**
Orun 181
Osiris 16, 17, 18, 20, 22, **24-25**
Ouadjyt 22
Our-Shanabi 33
Ouranos 44
Pallas 58
Pan 9, 76
Panacée 63
Pandore 49
panthéon 155, 187
Pâris 72
Parques 57
Parvati 153, 155
Patrocle 73
Pays de Galles 100
Pazuzu 29
Pégase 64
Pélée 55
Pélias 65
Péloponnèse 66
pénates 77, 78
Pénée 57
Pénélope 75
Penthée 61
Persée 45, 64
Perséphone 51, 70
pesée de l'âme 18, 21, 25
pharaon 24, 25
Phèdre 69
Pierre de Fál 98
pluie 47, 64, 124, 131, 132, 135
Pluton 77
Pollux 47
Polydectès 64
Polyphème 55, 74, 75
polythéiste 11
pomme d'or 50, 72
Poséidon 45, 46, 47, **54-55**, 67, 69, 75
Potamides 54
Précolombiens 109, 146
premiers hommes 16, 27, 31, 48, 49, 112, 123, 135, 140
prêtre 11, 24, 26, 81, 136, 150, 184
Prométhée 48
Proserpine 77
Ptah 19
Pueblo 121, 131
Pwyll 100
Pythie 56
Python 56, 183
Quetzalcóatl 134, 135, **136-137**
Quirinus 76, 81
Radha 159
Ragnarök 94
Rama 152, **156-157**
Ramayana 150, 152, 156
Ravana 157
Rê 16, 18, 20, 21, 23, 25
réincarnation 149, 151, 184
Remus 77, 80
résurrection 23, 62, 88
Rhadamanthe 52
Rhéa 45, 46, 61
Rhéa Silvia 80
Rishis 150
rites 10, 118
rituel 24, 35, 116, 126
Romains **76-81**, 84
Rome 78, 80
Romulus 77, 80
royaume des morts 17, 18, 25
Rutules 79
Sabines 81
sacrifice 135, 179
Saeve 100
Salar d'Uyuni 144, 145
Samhain, fête de 103, 106
sanglier 66, 91, 101, 152, 164, 174
Sapa Inca 143
Sarasvati 153
sarcophage 24
Scandinavie 83, 84
Sedna 115
Sekhmet 19, 20
Sémélé 47, 61
Sénéca 127, 128
Sériphos 64
serpent 18, 30, 33, 56, 87, 93, 94, 123, 146, 152, 154, 158, 164
serpent à plumes 134, 135, 136
Seth 16, 18, 21, 22
Shamash 26, 29, 32
Shang, dynastie des 165
Shango 187
Shentu 166
Shijing 160
Shiva 150, 153, 154, 155
Sibylle 79
Síd 106
Silaap 119
silaat 119
Silvanus 76
Sin 29
Sioux 121, 124, 126
Siqiniq 112
sirènes 75
Sita 156
Sleipnir 92
soleil 16, 29, 35, 36, 37, 51, 75, 112, 122, 124, 131, 132, 134, 138, 140, 142, 143, 146, 147, 162, 164, 169
Sparte 72
Sphinge 45, 71
spiritualité 11, 150
Styx 47, 67
Sumer, sumérien 12, 26
Suse 26
Suttungur 89
Svartalfheim 87
symbole 8, 20, 29, 152
tabou 10
Taguapaca 140
talismans 29, 98
Tamayori hime 171
Tang, dynastie 166
taoïste 161, 162
Tara 103, 106
Tarhunza 36, 37
Tartare 53
Télémaque 75
Télipinu 35, 37, 39
Tenochtitlán 139
Teotihuacán 133, 135
Tezcatlipoca 134, 137
Thanatos 52
Thèbes 17, 19, 45, 49, 61
Thésée 63, **68-69**
thing 93
Thompson 120
Thor 90, 95
Thot 21, 25
Thrace 67, 78
Tiamat 30
tiare 29
Tibre 79
Tigre 26, 30, 166
Tikitsirtuq 114
Tir na nOg 106
Tirésias 74
Titan 44, 46, 48, 53
Titanide 44, 56
Titicaca, lac 133, 140, 144
Tiwanaku 141, 143
Tlaloc 135, 139
Tlingit 120
Toison d'or 65
Toltèques 133, 136
tonnerre 124, 127, 132, 135
totem 10, 20, 120
Toyotama 171
Trézène 68, 111
tricksters 130
trident 46, 54
Trimûrti 152
Triton 55
Troie 72-73
Troyen 57, 78, 79
Túatha Dé Dánann 98
Tula 133, 136, 139
Tunupa 140, 144
tupilai 116
Turnus 79
tuunrgait 116
Twrch Trwyth 101
Typhon 45
Tyr 93
Uinigumasuittuq 113, 115
Ullur 90
Ulster 99, 101, 104
Ulysse 73, **74-75**, 79
umiaq 113
Ur 26
Uræus 18
Urd 87
Uruk 26, 32
Utanapishtim 13, 31, 33
Utgard 87
Utu 12, 26
Uzume la Bien Coiffée 169
Valhöll 94
Vanaheim 87
Vanes 86, 87, 89, 90
Vasuki 154
Veda 13, 150, 153
védisme 150
vent 134, 74, 124
Vénus 29, 77, 78, 79, 135, 137
Vesta 77
vestales 77, 80
Vikings 83, 84, 85
Viracocha 144, 147
Vishnou 13, 150, 152, 154, 156, 158
Völuspá 95
Vulcain 77
Walkyries 88
wampun 121, 127
Wari-Tiwanaku 133
Wendat 121, 122, 123, 127
Winckler, Hugo 34
Wisigoths 84
Wo.usu 174
Wohpe 126
Woke 175
Yamato 172
Yamuna 158
yang 162
Yashoda 158
Yggdrasill 87
Yi l'Archer 164
Yi Yin 165
yin 162
Ymir 86
Yomi 168
Yoruba 178
Yulü 166
Zababa 36
Zeus 45, **46-47**, 50, 58, 75
Zhongkui 167
Zuni 121, 131

Crédits iconographiques

Les dessins du personnage de Junior ont été réalisés par KILLIWATCH/Christian Maréchal.

American Museum of Natural History, New York : 120h, 122b, 123h, 124b, 125h, 126hg, 126hd, 127g, 130h, 131b.
Arnaud Crémet : 34b, 36-37, 38-39, 84-85, 86m, 87b, 88bg, 89h, 90-91, 92h, 93, 94-95.
Bibliothèque des hautes études chinoises, Collège de France, Paris : Clotilde Lefebvre 166h.
Bibliothèque nationale, Paris : 108-109, 132b, 139h, 158h, 158b, 161h.
Brigitte Faugère : 134b, 136m.
Emmanuel Cerisier : 151b, 153h, 153m, 155156, 157, 158m, 159md.
Étienne Souppart : 10h, 120hd, 120b, 121, 122h, 123b, 124h, 125b, 126b, 127hd, 127b, 128-129, 130b, 131h.
Collection privée, Paris : Clotilde Lefebvre 176-177, 178h.
Edigraphie, Rouen : 26hd, 84, 96m, 178hg.
Igloolik Isuma productions, Montréal, photos extraites du film *Atanarjuat* : 110b, 116m.
Jacques Livet : 14-15.
Magnum Photos : Fernando Scianna 8h ; 8b George Rodger ; Burt Glinn 9g ; Peter Marlow 9d ; Abbas 11b ; Bruno Barbey 150b ; Steve McCurry 159b.
L'Iglou Art esquimeau, Douai : Bart Hanna 116h.
Linden Artists/Angus McBride, Londres : 16, 17h, 18, 19h, 19bg, 20hg, 20bd, 21hg, 21 bg, 21m, 22, 23hd, 23b, 97b, 98, 99hg, 99hd, 99mg, 100h, 101, 102h, 103, 104h, 105b, 106, 107h, 107b.
Linden Artists/Richard Hook, Londres : 26m, 27hg, 27b, 28, 29hg, 29hd, 29bg, 30-31, 32h, 33, 132h, 132m, 133h, 134m, 134b, 135, 136h, 136b, 137, 138, 139b, 140h, 141h, 142, 143b, 144-145, 146, 147h, 147m, 147bd.
Linden Artists/Steve Weston, Londres : 168, 169, 170, 171, 172-173, 174, 175m.
Michael Welply : 160bd, 161b, 163h, 163bg, 163bd, 164, 165, 166b, 167h.
Michel Mazoyer : 34m.
Musée archéologique, Dijon : F. Perrodin 99b.
Musée des civilisations, Ankara : 34h.
National Gallery of Norway, Oslo : 82-83, 88bd.
Nationalmuseet, Copenhague : 85h, 100b, 107m.
Muséum d'histoire naturelle de Lyon : Patrick Ageneau 113b, 114m.
Musée d'Art inuit, Brousseau : 115m.
Philippe Gady : 4e plat de couverture, 42b, 44, 45b, 47m, 47b, 48h, 48b, 49b, 50h, 51bd, 52-53, 55b, 58h, 60h, 61b, 62h, 63h, 68b.
Photothèque des Musées de la Ville de Paris : musée Cernuschi 160, 163m ; musée d'Art moderne 162b.
Patrice Lecoq : 133b, 140b, 141b, 143h, 143m, 147bg.
Pierre-Emmanuel Dequest : 110, 110-111, 111h, 112, 113h, 114h, 114-115, 115h, 117, 118, 119, 179, 180, 181, 182, 183b, 184-185, 186, 186-187, 187d.
Photo Jean Bernard : 96bd.
Photo Scala/Prado, Madrid : 6-7, 45h.
Photo Scala/Museo Civico, Padoue : 13, 65bg,
Photo Scala/Vatican : Musée égyptien 18d ; Gregorian Museum of the Etruscan Art 49h.
Photo Scala/Palazzo Vecchio, Florence : 74m.
Photo Scala/Palazzo Poggi, Bologne : 74b.
Photo Scala/Museo dell'Accademia Etrusca, Cortone : 48h, 76d.
Photo Scala/Ministero Beni e Att. Culturali : Musée archéologique, Florence 21h ; Museo di villa Giulia 46h ; Galeria Borghese, Rome 47b et 51h, 78h ; Musée national, Reggio di Calabria 50bg ; Musée national, Naples 54b, 65bd, 77b ; Galleria Palatina, Florence 57g ; Galeria degli Uffizi, Florence 64bg ; Galleria Spada, Rome 77h ; musée du Capitole, Rome 80b.
Photo Scala/Bardo Museum, Tunis : 74h.
Photo Scala/Louvre, Paris : 78-79.
Photo Scala/Château de Schleisseim : 79h.
Photo Scala/Fondazione Magnani Rocca, Corte di Mamiano : 80b.
RMN/Louvre, Paris : photo RMN 67md ; H. Lewandowski 10bg, 10 bd, 26b, 27hd, 29bd, 32b, 35bd, 42h, 43, 55h, 57b, 60b, 61h, 62b, 64h, 66hg, 66hd, 66bd, 67hg, 67hd, 67m1et 67ml2, 75mg, 80h, 97h ; Ch. Larrieu 17b ; Chuzeville 24h et 24g ; 24 bg, 35 h, 59m, 66mg, 66bg ; R.G. Ojeda 25mg, 71 ; J. Schormans 25b, 54h ; D. Arnaudet 27bd, 59b, 64bd, 80-81h ; F. Raux 35 bg ; G. Blot 50b, 66h, 72-73, 76g ; J. Schormans 54h ; P. Leroy 58b ; J.G. Berizzi 67bg ; M. Bellot 75h.
RMN/Musée des Arts asiatiques-Guimet, Paris : Photo RMN 152h, 160bg ; T. Ollivier 148-149, 150h, 162h, 167m, 167b ; Arnaudet 150h, 154h, 159h ; J. L'hoir 154b ; R. Lambert 159mg ; Clotilde Lefebvre 175b.
RMN/Musée Bourdelle, Paris : Bulloz 66md.
RMN/Musée d'Orsay, Paris : J.B. Berizzi 67bd.
RMN/Musée du Quai Branly : C. Jean 99m, 183d ; J.G. Berizzi 178b, 187bg.
RMN/Antiquités nationales, Saint-Germain-en-Laye : J. Schormans 96h ; H. Lewandowski 96bg.
RMN/Musée Condé, Chantilly : H. Bréjat 68h.
RMN/Musée Magnin, Dijon : R.G. Ojeda 12.
RMN/Musée Gustave Moreau : C. Jean 40-41.
RMN/Musée d'Art et d'histoire, Meudon : G. Blot 56h.
RMN/Château de Versailles et de Trianon : G. Blot 57h, 65h.
RMN/Musée de la Renaissance, Écouen : photo RMN 59h ; R.G. Ojeda 70h.
RMN/Château de Fontainebleau : G. Blot 63b.
RMN/Musée des Beaux-Arts, Bordeaux : A. Danvers 68b.
RMN/Château de Blois : R.G. Ojeda 70b.
RMN/Musée départemental, Beauvais : G. Blot 75b, 102b.
RMN/Musée Adrien Dubouché, Limoges : H. Lewandowski 75md.
RMN/Musée national d'Art de Bucarest : 175hd.
Statens Historiska Museum, Stockolm : 84 m, 89bd.
Stéphane Collignon : 1er plat de couverture.
Thaw Collection, Fenimore Art Museum, Cooperstown, New York : John Bigelow Taylor 11h, 125m.
The Arni Magnuson Institute, Reykjavík : 86h, 92b.
The British Museum : 20d, 23hg, 24bd, 25h, 104m, 105h, 152b, 153bd, 153bg.

Les auteurs

Jean-Pierre Hammel
Introduction, mythologies gréco-romaine et égyptienne, conseiller pédagogique de l'ouvrage.
Directeur honoraire de l'École alsacienne de Paris. Cet ancien professeur de mathématiques se passionne depuis trente ans pour l'étude de la mythologie classique. Il est l'auteur de *L'Homme et les mythes* (Hatier, 1994).

Florence Malbran-Labat
Mythologie mésopotamienne.
Directrice de recherche au CNRS et à l'École des langues et civilisations du Proche-Orient, auteur de *Gilgamesh* (Éditions du Cerf, 1982).

Michel Mazoyer
Mythologie hittite.
Professeur au Centre d'études syro-anatoliennes, attaché à l'École des langues et civilisations de l'Orient ancien (Université catholique de Paris).

Patrick Guelpa
Mythologie nordique.
Professeur de langues et littératures germaniques et scandinaves à l'Université de Lille III, auteur de *Dieux et mythes nordiques* (Presses universitaires du Septentrion, 1998).

Raymonde Alluin-Popot
Mythologie celte.
Maître de conférences à l'Université de Lille III en langue et littérature irlandaises, collaboratrice régulière aux revues *Études irlandaises* et *Gaéliana.*

France Bhattacharya
Mythologie hindoue.
Professeur émérite à l'Institut national des langues orientales et docteur ès lettres en études indiennes (Paris III), traductrice de nombreux textes classiques.

François Macé
Mythologie japonaise.
Professeur de langue et civilisation japonaises à l'Institut des langues et civilisations orientales et à Paris VII-Denis Diderot.

Brigitte Faugère et Patrice Lecoq
Mythologies précolombiennes.
Maîtres de conférences d'histoire de l'art et d'archéologie précolombiennes à l'Institut Michelet (Paris IV). Tous deux sont archéologues et fouillent, pour la première, sur des sites aztèques (Mexique), pour le second, sur des sites incas (Guatemala).

Frédéric B. Laugrand
Mythologies inuit et amérindienne.
Docteur en anthropologie, professeur agrégé au département d'anthropologie de l'Université de Laval (Québec, Canada). Il a publié plusieurs ouvrages sur les autochtones du Nord canadien, en particulier sur les Inuit.

Rémi Mathieu
Mythologie chinoise.
Chercheur au CNRS, auteur et traducteur d'une *Anthologie des mythes et légendes de la Chine ancienne* (Gallimard, " Connaissance de l'Orient ", 1989), ainsi que du volume de la Pléiade *Philosophes taoïstes* (Gallimard, 2003).

Hélène Joubert
Mythologie yoruba.
Conservatrice au musée du Quai Branly (département des arts premiers africains) à Paris, et professeur à l'École du Louvre. Elle étudie depuis longtemps l'art et la mythologie des peuples yoruba.